FRUCTIFICA

Una Guía para una Vida Intencionada, Renovada y Plena

A	A
A	A

Especialmente para:

_____

_____

_____

De

_____

FRANCISCO IRIZARRY

ISBN-10: 9798535806075

Correo electrónico: soloperdona@yahoo.com
Visítenos en nuestra web: www.soloperdona.com
Texas, USA

Carátula y diagramación: Francisco Irizarry

Impreso por Amazon Publishing
P.O. Box 400818, Las Vegas, NV 89140

Impreso en los Estados Unidos de América
Printed in the United States of America

DEDICACIÓN

Este libro lo dedico a todos los hombres y mujeres de buena
voluntad que buscan alcanzar su máximo potencial en una vida
intencionada, renovada y plena.

A	A
A	A

FRANCISCO IRIZARRY

Fructus autem Spiritus est
caritas, gaudium, pax, patientia, benignitas, bonitas,
longanimitas, mansuetudo, fides, modestia, continentia,
castitas. Adversus hujusmodi non est lex.
Gálatas 5, 22-23, vulg

Mas el fruto del Espíritu es:
caridad, gozo, paz, paciencia, benignidad, bondad,
longanimidad, mansedumbre, fe, modestia, continencia, castidad.
Contra tales cosas no hay ley.
Gálatas 5, 22-23, vulg

INDICE

INTRODUCCIÓN

"La comunidad evangelizadora siempre está atenta a los frutos, porque el Señor la quiere fecunda."
Evangelii Gaudium #24

¡Así que acabas de reavivar el don de Dios que te fue otorgado en tu santo Bautismo y estás listo para fructificar en una vida intencionada, renovada y plena bajo la guía del Espíritu Santo! Gloria a Dios porque eso es aceptar la invitación que le fue hecha a Timoteo cuando el Apóstol le dijo: *"Por eso te invito a que reavives el don de Dios que recibiste por la imposición de mis manos" (2º Timoteo 1, 6).* Bendito sea Dios que ha, *"ocultado estas cosas a sabios e inteligentes, y se las has revelado a pequeños" (Mateo 11, 25),* como tú.

Qué gran fiesta hay en el cielo porque dice la Palabra que: *"...de igual modo habrá más alegría en el cielo por un solo pecador que vuelve a Dios que por noventa y nueve justos que no tienen necesidad de convertirse" (Lucas 15, 7).*

Del mismo modo dice que: *"Si te has decidido a servir al Señor, prepárate para la prueba." (Sirácides [Eclesiástico] 2, 1).* Espero te hayas estado preparando bien porque las pruebas no faltan cuando uno se decide a servirle al Señor fructificando, lo más cercano, a nuestro máximo potencial.

Pensando en esa preparación posterior a tu encuentro con Cristo es que llega a Tí este proyecto llamado **"Fructifica".** Su objetivo es equiparnos con herramientas para alcanzar una vida Intencionada, Renovada y Plena. No importa si tuviste ese encuentro hace poco o hace bastante tiempo. Lo importante es hacer espacio para poner en práctica estas increíbles recomendaciones. Las mismas las he descubierto a lo largo de años de evangelización y del acompañamiento de tantas personas excepcionales, cuyo fin último es una vida plena aquí y en la vida eterna.

Si todavía no has vivido este encuentro maravilloso te ánimo a que lo hagas pues es el punto inicial con el cual podrás comprender en definitiva la fructificación a la que hemos sido llamados para alcanzar esa vida plena que espera manifestarse. Pero, si ya lo has tenido atiende a la invitación que nos hace el Santo Padre Francisco cuando dice:

"Invito a cada cristiano, en cualquier lugar y situación en que se encuentre, a renovar ahora mismo su encuentro personal con Jesucristo o, al menos, a tomar la decisión de dejarse encontrar por Él, de intentarlo cada día sin descanso. No hay razón para que alguien piense que esta invitación no es para él, porque «nadie queda excluido de la alegría reportada por el Señor». Al que arriesga, el Señor no lo defrauda, y cuando alguien da un pequeño paso hacia Jesús, descubre que Él ya esperaba su llegada con los brazos abiertos. Éste es el momento para decirle a Jesucristo: «Señor, me he dejado engañar, de mil maneras escapé de tu amor, pero aquí estoy otra vez para renovar mi alianza contigo. Te necesito. Rescátame de nuevo, Señor, acéptame una vez más entre tus brazos redentores». ¡Nos hace tanto bien volver a Él cuando nos hemos perdido! Insisto una vez más: Dios no se cansa nunca de perdonar, somos nosotros los que nos cansamos de acudir a su misericordia. Aquel que nos invitó a perdonar «setenta veces siete» (Mt 18,22) nos da ejemplo: Él perdona setenta veces siete. Nos vuelve a cargar sobre sus hombros una y otra vez. Nadie podrá quitarnos la dignidad que nos otorga este amor infinito e inquebrantable. Él nos permite levantar la cabeza y volver a empezar, con una ternura que nunca nos desilusiona y que siempre puede devolvernos la alegría. No huyamos de la resurrección de Jesús, nunca nos declaremos muertos, pase lo que pase. ¡Que nada pueda más que su vida que nos lanza hacia adelante! (Evangelii Gaudium #3).

¿Cómo puedo salir de lo ordinario y experimentar todo el potencial que Dios quiso que viviera?

"El amor de Jesucristo me quita el gusto para todo, las criaturas no tienen atractivo alguno para mí, ni los ángeles ni los arcángeles pueden colmar las ansias de mi corazón, los rayos del sol, cuando contemplo el resplandeciente rostro de mi Amado, me parecen densas tinieblas" San Francisco de Asís

El kerigma nos inició en esta genial aventura del Evangelio de Cristo y ahora nos dirigimos hacia la vida plena que nos ofrece hasta alcanzar la corona prometida. Mas las pruebas pueden penetrar nuestras defensas y puede que olvidemos que Dios nos quiere bendecir con una vida más plena de lo que podemos imaginar ya que, *"ni ojo vio, ni oído oyó, ni por mente humana han pasado las cosas que Dios ha preparado para los que lo aman"* (1º Corintios, 2:9). Hoy más que nunca anhela favorecernos muy a pesar de tantos problemas y frustraciones. Él sabe que el Covid-19 nos ha sacudido la vida al punto de despojarnos de algunas seguridades. De un lado, las obligaciones que sofocan al punto de muchas veces no saber si las tenemos a ellas o ellas nos tienen a nosotros. Por el otro, el tiempo libre pareciera tan solo una excusa para matar el tiempo, antes de que nos gane el aburrimiento.

Si a esto le sumamos el discrimen racial, el distanciamiento social, los disgustos familiares, los fallecimientos de gente cercana, los desastres naturales, las carencias económicas, la amenaza de un contagio, la decepción por nuestros líderes, la desigualdad social, la falta de trabajo, y tantas dificultades adicionales, tendríamos el pretexto perfecto para renunciar a todo y salir corriendo.

No por haber tenido un encuentro con Cristo estamos exentos de todo el mal que ocurre a nuestro alrededor. Nosotros comenzamos a cambiar y a experimentar la acción del Espíritu Santo en nuestras vidas, pero no pasó igual en todos los que nos rodean. De hecho, nuestros enemigos siguen al acecho y no descansarán hasta devorar nuestras vidas pues, *"el diablo, ronda como león rugiente buscando a quién devorar"* (1º Pedro 5, 8).

Si consideramos que el enemigo, la carne y nuestro entorno, pueden arrastrarnos a una situación peor de la que nos encontramos, deberíamos reconocer que no podemos darnos el lujo de no tener un norte preciso hacia donde recibir la vida plena que el Señor todavía desea darnos. Por eso hoy más que nunca se hace obligatorio alcanzar la abundancia que merecemos para nosotros y los nuestros.

Con esa precisa intención te ha llegado este texto. **"Fructifica"** es una sorprendente guía de oración para sembrar en el Espíritu. Así tendremos una vida Intencionada, Renovada y Plena. Los objetivos son los siguientes:

- Adaptar nuestra intencionalidad para fijar resultados específicos hacia una vida plena.
- Proponer la solución definitiva que nos puede transformar y renovar nuestro máximo potencial.
- Crear un medio para que, al cooperar con la gracia del Espíritu, alcancemos nuestro máximo potencial frente a nuestros adversarios y se manifieste la vida plena que anhelamos.

Aquí te alentaremos mediante preguntas reflexivas y actividades de motivación, a redescubrir con intencionalidad el plan de Dios para tu vida, hasta que alcances la vida plena y abundante para la que has nacido. A medida que aprendes a confiar en la guía del Espíritu, es solo cuestión de tiempo antes de que te desates y fructifiques en todo tu potencial.

ORACIÓN ANTES DEL ESTUDIO

atribuida a santo Tomás de Aquino

Creador inefable,
que de los tesoros de tu sabiduría formaste
tres jerarquías de ángeles y con maravilloso
orden las colocaste sobre el cielo empíreo,
y distribuiste las partes del universo con suma elegancia.

Tú que eres la verdadera fuente de luz y sabiduría,
y el soberano principio, dígnate infundir en las tinieblas
de mi entendimiento un rayo de tu claridad,
apartando de mí la doble oscuridad en que he nacido:
el pecado y la ignorancia.

Tú, que haces elocuentes las lenguas de los niños,
instruye mi lengua e infunde en mis labios
la gracia de tu bendición.

Dame agudeza para entender,
capacidad para retener,
método y facilidad para aprender,
sutileza para interpretar,
gracia copiosa para hablar.

Dame acierto al empezar,
dirección al progresar,
y perfección al terminar.

Tú, Dios y hombre verdadero
que vives y reinas por
los siglos de los siglos.

Amén.

Primera parte:

UNA VIDA INTENCIONADA

¿En serio buscamos una vida plena?

Objetivo: Adaptar nuestra intencionalidad para fijar resultados específicos hacia una vida plena.

¿En serio buscamos una vida plena?
El propósito de la vida no está en la creación
Tu gran PARA QUÉ, el mandamiento supremo
y tu máximo potencial
Cristo revela nuestro gran PARA QUÉ
El mandamiento como semilla de mí gran PARA QUÉ
Fuimos Creados para glorificar a Dios
Fuimos Creados para fructificar
No se empieza la casa por el tejado
¿Tendremos niebla mental?
Salir a flote no es suficiente
La empatía como cimiento
A cada noche le llega su mañana
¡Bendito sea Dios que a nuestra noche le llegó su mañana!

¿EN SERIO BUSCAMOS UNA VIDA PLENA?

"¡Bendito el que confía en Yavé, y que en Él pone su esperanza!
Se asemeja a un árbol plantado a la orilla del agua, y que alarga sus
raíces hacia la corriente: no tiene miedo de que llegue el calor,
su follaje se mantendrá verde; en año de sequía no se inquieta,
ni deja de producir sus frutos."
Jeremías 17, 7-8

Bendito el que confía en Dios y pone en Él su esperanza porque tendrá un propósito eterno para su vida. No tendrá que vivir a la deriva porque su barco sabe dónde ir. La incertidumbre de su existencia se desvanece al vivir con intencionalidad el propósito eterno. A descubierto que detrás de sus mandatos está la semilla del gran designio divino. Al conocer sus designios se adentra en Su Palabra para hacer suyas las palabras del salmista cuando dice: *"Para mis pasos tu palabra es una lámpara, una luz en mi sendero" (Salmo 119, 105).* Por supuesto que tiene que haber una transformación al toparse con la Palabra y es por esto que siempre producirá frutos.

Si ese es nuestro caso, bendito sea Dios porque el poderoso ha hecho grandes cosas en nosotros. Continuemos siendo fieles a sus designios para que un día tengamos la corona prometida a los que lo han dejado todo siendo como aquel comerciante, *"que busca perlas finas. Si llega a sus manos una perla de gran valor, se va, vende cuanto tiene, y la compra" (Mateo 13, 45-46).* Entonces, este libro será para Tí un dulce recordatorio del cielo. Mas recuerda lo que el apóstol de los gentiles le dijo a la comunidad de los Corintios: *"Así, pues, el que crea estar en pie tenga cuidado de no caer" (1º Corintios 10, 12).* Así que para continuar en esa firmeza, es que ha llegado este libro a tu vida.

Si por el contrario, nuestro caso es distinto al de ese árbol plantado a la orilla del agua, pido al cielo una gracia muy especial. Pido que al leer estas líneas arda nuestro corazón como les sucedió a los dos discípulos que se alejaban de Jerusalén, que se alejaban del calor de sus creencias buscando otro camino al pueblecito de Emaús. Aun cuando el Señor les tuvo que decir: *"¡Qué poco entienden ustedes, y qué lentos son sus corazones para creer todo lo que anunciaron los profetas! ¿No tenía que ser así y que el Mesías padeciera para entrar en su gloria?"* (Lucas 24, 25-26), pido que arda nuestro corazón al adentrarnos en esta búsqueda de nuestro máximo potencial para obtener la vida plena que tanto deseamos.

Ojalá podamos llegar a decir, *"quédate con nosotros, ya está cayendo la tarde y se termina el día" (Lucas 24, 29),* para que el ardor de Su presencia nos dé sentido de dirección y nos transforme desde dentro. Ojalá que ese mismo ardor nos mueva a permanecer en Su amor mientras lo reconocemos igual que estos discípulos, al partir el pan. Pues dice el texto sagrado que: *"Mientras estaba en la mesa con ellos, tomó el pan, pronunció la bendición, lo partió y se lo dio, y en ese momento se les abrieron los ojos y lo reconocieron" (Lucas 24, 30-31).* Entonces, podremos exclamar con júbilo igual que ellos: *"¿No sentíamos arder nuestro corazón cuando nos hablaba en el camino y nos explicaba las Escrituras?" (Lucas 24, 32).* Estoy seguro que ese ardor nos ayudará a cooperar con Su gracia de manera que demos fruto en abundancia, y alcancemos una vida Intencionada, Renovada y Plena. La pregunta que deberíamos hacernos ahora es la siguiente:

¿Estamos realmente buscando una vida plena?

Ese árbol plantado a la orilla del agua no se quedó esperando que el agua llegara hasta él. Dice la escritura, *"que alarga sus raíces hacia la corriente" (Jeremías 17, 8).* De manera que el árbol hace un esfuerzo para alimentarse de la corriente. Pone su empeño en recibir lo que necesita para prepararse a la adversidad. Ni el ardiente sol ni la sequía lo perturban. Este árbol se dio cuenta que no es suficiente con estar plantado junto a la corriente. Es cierto que allí está, mas si no pone de su parte no alcanzará el alimento que necesita para vivir en paz y producir sus frutos.

Que maravillosa enseñanza nos da este relato del árbol. Nosotros estamos plantados en este planeta. Todo lo que nos rodea nos habla de una perfección que escapa a nuestro entendimiento. Podemos elegir la pereza espiritual y esperar que el alimento llegue a nosotros, o podemos elegir la diligencia espiritual y salir a buscarlo.

Si elegimos la **"Pereza Espiritual"** cavamos nuestra propia tumba. Seremos como dice la escritura: *"Vinagre para los dientes, humo en los ojos, eso es el flojo para su patrón" (Proverbios 10, 26)*. Esa pereza nos mantiene en un estado de desgano. Esa holgazanería no nos dejará tiempo libre para nada. Si nos vence un día, no pasa nada. ¡Es lógico que en ocasiones nos cueste hacer ciertas cosas más que otras! El problema viene cuando el postergar se convierte en un hábito. Ahí es cuando esa pereza nos impide avanzar hacia la plenitud. Sin darnos cuenta la pereza drena nuestras energías y nuestros objetivos. Nos llenamos de lástima por nosotros mismos y cada vez es más difícil emprender un camino decidido hacia el sacrificio, la obligación y el compromiso.

Es cierto, suena mal. ¿A quién le gustan esas palabras? Pero, vamos a sincerarnos. ¿En serio creemos que con inercia alcanzaremos la vida plena que hemos soñado? ¿En serio creemos que nos la merecemos? ¿Vamos a seguir desperdiciando nuestro potencial extraordinario tan solo por no aplicarnos lo suficiente? Mejor internalicemos las palabras de San Pablo al decir: *"No se vuelvan flojos, sino más bien imiten a aquellos que por su fe y constancia consiguieron al fin lo prometido" (Hebreos 6, 12)*.

El otro camino es la **"Diligencia Espiritual"**. Ese es el camino que eligió el árbol en el pasaje de Jeremías. Sí, estaba plantado pero no se resignó a esa condición. El árbol no podía cambiar esa condición como nosotros no podemos cambiar la condición de estar plantados en este planeta.

Pero, algo invisible sucedía en la profundidad. Algo que escapaba a los ojos de todos irrumpía en el silencio. ¿Qué era? Eran sus raíces que se abrían paso para alcanzar el alimento que necesitaba. Sin mucho alboroto se deshacía de la capa de *"óxido"* que le había dejado la inactividad. Del mismo modo nosotros podemos deshacernos de todo lastre de pereza para alcanzar la plenitud en nuestra vida. Jesús mismo nos prometió que, *"el que tenga sed, que venga a mí, y que beba el que cree en mí. Lo dice la Escritura: De él saldrán ríos de agua viva" (Juan 7, 37-38)*.

Para San Alfonso María de Ligorio la capa de *"óxido"* se debe a una *"mala alimentación del alma"*. Para él la pereza espiritual es fruto de:

- Sacramentos defectuosamente recibidos.
- Pocas lecturas espirituales, sin que dejen ninguna reflexión seria para el alma.
- Acto de contricción sin hacer ningún plan de enmienda.
- Se pierden muchas gracias espirituales que se iban a recibir, porque no se dedica tiempo exclusivamente a Dios.

Yo no sé tú, pero yo estoy de acuerdo con San Alfonso. Por eso en los próximos capítulos vamos a enfocarnos en la lectura espiritual esperando que nos deje una reflexión seria para el alma. Aquí vamos a reflexionar en nuestro gran PARA QUÉ y si en serio buscamos una vida plena. Vamos a comprender dónde radica nuestro máximo potencial para finalmente dar fruto en abundancia.

Ahora te invito a reflexionar en esta parábola que he creado y que resume a grandes rasgos lo que **"Fructifica"** significa:

Parábola del agricultor sensato

*Una vida plena se asemeja a dos agricultores
que deseaban una cosecha abundante.
El agricultor insensato actuó con ligereza,
sembró las semillas y esperó por la lluvia.
La lluvia escaseó y llegado el tiempo de la
cosecha sus plantas no dieron fruto.
Por su indiferencia, superficialidad y postergación,
las aves, el sol y los espinos la echaron a perder.
Por el contrario,
el agricultor sensato actuó con "intencionalidad".
Identificó el fruto que deseaba obtener y
comprendió que para producir ese fruto
necesitaba un sistema de riego con un pozo.
Al tenerlo listo, sembró las semillas.
Luego renovó su mente al poner atención a las
semillas, meditar sobre ellas, darles prioridad
y actuar con diligencia conforme lo aprendido.
Llegado el tiempo de la cosecha dio mucho fruto.*

El propósito de la vida no está en la creación

"Dios está trabajando incesantemente para traernos a sí mismo. Todo nuestro tiempo terrenal es para esto, como lo es toda la creación. Y sin embargo no vemos. Nuestros ojos están cerrados." Dr. Wiley

Los filósofos y los psicólogos han tratado de abordar la siempre presente y amenazante interrogante del propósito de la vida tan solo para terminar con respuestas incompletas y poco satisfactorias. Conocer cada vez más, como se sustenta la vida, no nos da respuesta. Un proceso puramente científico nos revelará que solo somos una composición aleatoria de unos átomos al azar y el resultado accidental de un proceso biológico que ocurre sin propósito. Si esta definición te anima a seguir adelante puedes dejar de leer desde ahora, pues no necesitas nada más. Pero si te parece un absurdo, te invito a seguir adelante para que juntos reforcemos nuestra **"intencionalidad"** y lleguemos a **"fructificar"** en verdadera plenitud.

Si estamos de acuerdo con Isaías cuando dice: *"Así habla Yavé, Creador de los cielos, - pues él es Dios, que ha formado y hecho la tierra, - pues él le puso cimientos: No dejé la confusión, sino que la hice habitable, - pues yo soy Yavé y no hay otro" (Isaías 45, 18),* no encontraremos respuesta en la creación. Por eso es que, sin éxito, enormes sumas de dinero se gastan para hallar respuesta en lo creado. Solo el Creador puede darnos respuesta y somos tan afortunados que nos ha hecho partícipes de esas respuestas al revelarnos que el propósito de nuestra existencia es mucho más inmenso que lo que podemos imaginar. Su gran propósito es mucho más abarcador que nuestra familia, amigos, carrera, trabajo o cualquier deseo profundo que tengamos. Pero, es al mismo tiempo tan sencillo como para entender que una vida alejada de Dios no tiene ningún propósito.

Tu gran PARA QUÉ, el mandamiento supremo y tu máximo potencial

«Los dos días más grandes de tu vida son el día en el que naces y el día en el que descubres el porqué» Mark Twain

Nuestro gran PARA QUÉ está íntimamente unido a los buenos frutos que ocupamos para una vida plena. La Palabra es clara al decir: *"Planten ustedes un árbol bueno, y su fruto será bueno; planten un árbol dañado, y su fruto será malo. Porque el árbol se conoce por sus frutos" (Mateo 12, 33).* Esta sencilla comparación basta para entender que nos reconocerán por lo que evidenciemos. Mas el Señor va más allá y nos advierte de lo que sucederá si no predicamos con el ejemplo.

> *"Un árbol bueno no puede dar frutos malos,*
> *como tampoco un árbol malo puede producir frutos buenos.*
> *Todo árbol que no da buenos frutos se corta y se echa al fuego.*
> *Por lo tanto, ustedes los reconocerán por sus obras."*
> *Mateo 7, 18-20*

El llamado que Cristo nos hace a fructificar no está en discusión. Cada uno de nosotros entendemos que se tiene que notar que somos de Cristo. Pero, ¿cómo hacemos para dar ese fruto? La realidad es que, tomando todo el mensaje de Jesús, vemos que por nuestras propias fuerzas es imposible. Bien lo vemos en la conclusión del diálogo de Jesús con el joven rico: *"Los discípulos, al escucharlo, se quedaron asombrados. Dijeron: «Entonces, ¿quién puede salvarse?» Fijando en ellos su mirada, Jesús les dijo: «Para los hombres es imposible, pero para Dios todo es posible»"* (Mateo 19, 25-26). El Dios que lo pide todo sabe proveer lo que ocupamos.

> *"Somos débiles pero el Espíritu viene en nuestra ayuda.*
> *No sabemos cómo pedir ni qué pedir, pero el Espíritu lo pide por nosotros, sin palabras, como con gemidos. Y Aquel que penetra los secretos más íntimos entiende esas aspiraciones del Espíritu, pues el Espíritu quiere conseguir para los santos lo que es de Dios."*
> *Romanos 8, 26-27*

Por lo tanto, si queremos dar abundante fruto es necesario dejarnos guiar por el Espíritu Santo. Con su guía renovaremos nuestro gran PARA QUÉ y así movernos con **"intencionalidad"** hacia una vida plena.

En esta primera parte de **"Fructifica"** reforzamos nuestra intencionalidad para dirigirnos a ese gran objetivo. Sin un mapa estamos a merced de cualquier viento de doctrina que nos alejará de la vida plena anhelada. Así que comenzaremos con la meta en mente.

Mas antes de comenzar vamos a reconocer lo limitados que somos e invoquemos la asistencia del Espíritu Santo del cual Jesús mismo dijo: *"Si ustedes me aman, guardarán mis mandamientos, y yo rogaré al Padre y les dará otro Protector que permanecerá siempre con ustedes"* (Juan 14, 16). Oremos:

ORACIÓN AL ESPÍRITU SANTO
(de San Agustín)
Espíritu Santo, inspíranos,
para que pensemos santamente.
Espíritu Santo, incítanos,
para que obremos santamente.
Espíritu Santo, atráenos,
para que amemos las cosas santas.
Espíritu Santo, fortalécenos,
para que defendamos las cosas santas.
Espíritu Santo, ayúdanos,
para que no perdamos nunca
las cosas santas.
Amén.

Nuestro gran PARA QUÉ es la meta final de nuestra existencia. Nuestro gran PARA QUÉ es el motor que establece las pautas de nuestro crecimiento desencadenando nuestro máximo potencial. Ahora bien, ¿tenemos una idea clara de cuál es nuestro **máximo potencial**?

Es cierto que, *"la Palabra tiene en sí una potencialidad que no podemos predecir. El Evangelio habla de una semilla que, una vez sembrada, crece por sí sola también cuando el agricultor duerme (cf. Mc 4,26-29)"* (*Evangelii Gaudium #22*). Es decir, esta potencialidad de la Palabra hace que sea eficaz superando nuestras previsiones. Mas no podemos descartar que podemos identificar características concretas de esta potencialidad.

> *¿Qué tal que hoy descubriéramos*
> *características concretas sobre nuestro máximo potencial?*
> *¿Estaríamos dispuestos a realizar lo necesario para conseguirlo?*

Si es así lo que aquí descubriremos cambiará nuestra vida para siempre. El mundo tal y como lo conocemos será distinto para nosotros. Experimentaremos nuevos niveles de abundancia en nuestra vida. ¿Nos podemos imaginar una vida así? ¿No es lo que deseamos? ¿O acaso creemos que merecemos una vida miserable? Yo creo que no.

Desde lo más profundo de nuestro ser sabemos que existe un anhelo imparable que nos mueve a alcanzar nuestro **máximo potencial** para ir de lo ordinario a lo extraordinario en una vida con *"significado"*. Es increíble cómo más y más personas se enfocan solo en tener experiencias extraordinarias cuando pueden vivir lo ordinario de una manera extraordinaria. Hay un anhelo por salir de lo cotidiano que hacen hasta lo imposible por experimentar cosas nuevas aun cuando pudieran estar atentando con su propia existencia. *"Son muchísimos los que, tarados en su vida por el materialismo práctico, no quieren saber nada de la clara percepción de este dramático estado, o bien, oprimidos por la miseria, no tienen tiempo para ponerse a considerarlo. Otros esperan del solo esfuerzo humano la verdadera y plena liberación de la humanidad y abrigan el convencimiento de que el futuro del hombre sobre la tierra saciará plenamente todos sus deseos. Y no faltan, por otra parte, quienes, desesperados de poder dar a la vida un sentido exacto, alaban la insolencia de quienes piensan que la existencia carece de toda significación propia y se esfuerzan por darle un sentido puramente subjetivo. Sin embargo, ante la actual evolución del mundo, son cada día más numerosos los que se plantean o los que acometen con nueva penetración las cuestiones más fundamentales: ¿Qué es el hombre? ¿Cuál es el sentido del dolor, del mal,* de la muerte, que, a pesar de tantos progresos hechos, subsisten todavía? ¿Qué valor tienen las victorias logradas a tan caro precio? ¿Qué puede dar el hombre a la sociedad? ¿Qué puede esperar de ella? ¿Qué hay después de esta vida temporal? (Gaudium et spes #10).

Incluso muchos exitosos famosos han expresado que el éxito no tiene sentido ya que en la abundancia material existe una intranquilidad permanente. Es una extraña felicidad donde se tienen muchas cosas pero se fantasea con otras miles que no se tienen. Sienten que la muerte constantemente les recuerda que más vale apresurarse en obtenerlas antes de que sea demasiado tarde. Es ahí cuando aceptamos la propuesta del mundo actual: Producir, Consumir y Entretenerse.

En serio, ¿nacemos para producir, consumir y entretenernos?

Ya tenemos una idea del porqué a veces sentimos que nuestra vida es estéril sin sabor y sin un verdadero propósito. De ahí es que vienen los pensamientos de suicidio. ¿Por qué? Porqué estamos aburridos del sin sentido. Porqué no vemos una salida al consumismo desmedido y a la dependencia del entretenimiento. Solo nos derrumbamos porque el placebo fugaz no tiene la suficiente fuerza como para callar las preguntas fundamentales que martillan en nuestras cabezas:

- ¿Habrá alguna manera de salirse del círculo vicioso del producir, consumir y entretenerse?
- ¿Será que hay una necesidad más profunda que el éxito parece no llenar?
- ¿Existe algún sentido o propósito en la vida humana que la muerte no destruya?

Si la muerte fuera el final, sin que haya nada después, la vida no tendría ningún significado. El propósito real en la vida sería nulo. Si la muerte lo destruye todo, la vida se vive en vano porque no hay nada que podamos hacer para detener el triunfo final de la muerte. ¿Será que la muerte lo destruye todo sin remedio?

El Rey de Francia Luis XIV

Recordemos lo que sucedió en la oración fúnebre del rey de Francia, Luis XIV. Luego de una vida de fortuna, derroche y pompa, le llegó la hora de partir de este mundo. Él arrogantemente tomó el nombre de "Rey Sol" al deslumbrarse de su poder. Mas ahora le llegó la hora de bajarlo en su féretro a su tumba. En un instante, el orador sagrado de fama mundial, Massillon, comenzó con estas palabras: "Solamente Dios es grande".

Cristo revela nuestro gran PARA QUÉ

"Pues eres tú quien formó mis riñones, quien me tejió en el seno de mi madre. Te doy gracias por tantas maravillas, admirables son tus obras y mi alma bien lo sabe. Mis huesos no te estaban ocultos cuando yo era formado en el secreto, o bordado en lo profundo de la tierra." Salmos 139, 13-15

Que maravilloso es saber que en la rueda del producir, consumir y entretenernos, *"Dios, infinitamente perfecto y bienaventurado en sí mismo, en un designio de pura bondad ha creado* libremente *al hombre para hacerle* partícipe de su vida bienaventurada*" (CIC #1a)*. Él tomó la iniciativa en crearnos libres para que le escojamos o no. En Su libre voluntad tiene un proyecto de amor que nos demuestra que la vida humana sí tiene un propósito maravilloso.

Si nos damos cuenta, la vida plena y bienaventurada comienza en Dios, es a través de Dios y culmina en Dios. Él es el centro y no nosotros. El Padre es quien inicia, nos llama, en y por Cristo, a tener Su vida plena bajo la guía del Espíritu Santo. Cristo mismo lo proclamó al decir:

"Yo he venido para que tengan vida y la tengan en plenitud."
Juan 10, 10

Por el conocimiento de Cristo alcanzamos nuestro máximo potencial. Él es la fuente de este conocimiento que evidencia al decir:*"Y ésta es la vida eterna: conocerte a ti, único Dios verdadero, y al que tú has enviado, Jesús, el Cristo" (Juan 17, 3)*. Todo lo extraordinario que el Creador quiso que viviéramos lo mostró Jesús revelando las respuestas del Creador. Gracias a Él y a la guía del Espíritu podemos usar nuestro gran PARA QUÉ para fijar un norte y vivir a plenitud. Así que si estás listo, comencemos.

El mandamiento como semilla del gran PARA QUÉ

"Si uno dice «Yo amo a Dios» y odia a su hermano, es un mentiroso. Si no ama a su hermano, a quien ve, no puede amar a Dios, a quien no ve. Pues este es el mandamiento que recibimos de él: el que ama a Dios, ame también a su hermano." 1º Juan, 4:20-21

Ya definimos nuestro gran PARA QUÉ como bien lo menciona el primer numeral de nuestro Catecismo, *"fuimos creados para hacernos partícipes de su vida bienaventurada"*. ¡Qué maravillosa revelación!

Ahora bien, para desatar nuestro máximo potencial en dirección a ese gran PARA QUÉ, la pregunta obligada es, ¿por dónde comenzamos? Lo cierto es que Dios ya nos reveló el camino pues, llegando la plenitud de los tiempos envió a su único Hijo para que todo el que crea en Él no se pierda sino que tenga vida eterna. A partir de esto vamos a proponer una estrategia para redefinir nuestro gran PARA QUÉ por lo que usaremos el mandamiento supremo y textos complementarios.

Primero: ¿Cuál es el mandamiento supremo?

Incluso cuando el pueblo de Israel ya conocía el mandamiento supremo contenido en la Ley Mosaica, Cristo lo enfatiza.

"«Maestro, ¿cuál es el mandamiento más importante de la Ley?».
Jesús le dijo: «Amarás al Señor tu Dios con todo tu corazón, con toda
tu alma y con toda tu mente. Este es el gran mandamiento, el primero.
Pero hay otro muy parecido: Amarás a tu prójimo como a ti mismo.
Toda la Ley y los Profetas se fundamentan
en estos dos mandamientos.»"
Mateo 22, 36-40

Segundo: ¿Qué textos similares apoyan el mandamiento supremo?

Este no es el único pasaje donde se nos revela el mandamiento supremo y su doble dimensión. La siguiente tabla contiene algunos pasajes bíblicos que reflejan este supremo querer de Dios. Estos versículos tienen en común nuestra finalidad última como cristianos.

Texto Bíblico	Propósito primario en relación con Dios	Propósito secundario en relación con otros
Mandamiento supremo: Mateo 22, 36-40 "«Maestro, ¿cuál es el mandamiento más importante de la Ley?». Jesús le dijo: «Amarás al Señor tu Dios con todo tu corazón, con toda tu alma y con toda tu mente. Este es el gran mandamiento, el primero. Pero hay otro muy parecido: Amarás a tu prójimo como a ti mismo. Toda la Ley y los Profetas se fundamentan en estos dos mandamientos.»"	Amar al Señor con todo nuestro corazón, con toda nuestra alma y con toda nuestra mente.	Amar a nuestro prójimo como a nosotros mismos.
Santiago 2, 26 "Porque así como un cuerpo sin espíritu está muerto, así también la fe que no produce obras está muerta."	Evidenciar la fe	Mostrar obras

Juan 15, 5 "Yo soy la vid y ustedes las ramas. El que permanece en mí y yo en él, ése da mucho fruto, pero sin mí, no pueden hacer nada."	Permanecer en Cristo	Dar mucho fruto
Juan 15, 8 "Mi Padre es glorificado cuando ustedes producen abundantes frutos: entonces pasan a ser discípulos míos."	Glorificar al Padre	Producir abundantes frutos
Hechos 26, 20 "Muy por el contrario, empecé a predicar, primero a la gente de Damasco, luego en Jerusalén y en el país de los judíos, y por último en las naciones paganas. Y les pedía que se arrepintieran y se convirtieran a Dios, mostrando en adelante los frutos de una verdadera conversión."	Tener una verdadera conversión	Mostrar frutos
Tito 3, 8 "Una cosa es cierta, y en ella debes insistir: los que creen en Dios han de destacarse en el bien que puedan hacer. Ahí está lo bueno y lo que realmente aprovecha a la sociedad."	Creer en Dios	Destacarnos en el bien que hagamos
Mateo 5, 16 "Brille así vuestra luz delante de los hombres, para que vean vuestras buenas obras y glorifiquen a vuestro Padre que está en los cielos."	Glorificar a nuestro Padre que está en los cielos	Que se vean nuestras buenas obras
I Pedro 2, 12 "Tened en medio de los gentiles una conducta ejemplar a fin de que, en lo mismo que os calumnian como malhechores, a la vista de vuestras buenas obras den gloria a Dios en el día de la Visita."	Dar gloria a Dios en el día de la Visita	Llevar una conducta ejemplar con buenas obras
Juan 13, 35 "En esto reconocerán todos que son mis discípulos, en que se amen unos a otros.»"	Ser discípulos de Jesús	Amarnos unos a otros
I Tesalonicenses 1, 3 "Tenemos presente ante nuestro Dios y Padre la obra de vuestra fe, los trabajos de vuestra caridad, y la tenacidad de vuestra esperanza en Jesucristo nuestro Señor."	Mostrar nuestra fe	Mostrar nuestra obra
Mateo 21, 43 "Ahora yo les digo a ustedes: Se les quitará el Reino de los Cielos, y será entregado a un pueblo que le hará producir sus frutos.»"	Recibir el Reino de los Cielos	Producir los frutos del Reino de los Cielos

Tercero: ¿Cómo redefinimos nuestro gran PARA QUÉ?

El propósito de ser partícipes de su vida bienaventurada para así alcanzar nuestro máximo potencial y tener plenitud en nuestras vidas, lo alcanzaremos si comenzamos a cumplir el propósito primario en relación con Dios y el secundario en relación con otros. Como vemos en la pasada tabla, son muchos los pasajes que evidencian el orden específico en el cual nuestro Creador desea que obremos. Primero nos pide amarlo y, luego como resultado, nos pide evidenciar ese amor con abundantes frutos.

En conclusión, nuestro gran PARA QUÉ es que fuimos creados para hacernos partícipes de su vida bienaventurada. Mas ese gran PARA QUÉ lo podemos redefinir y sintetizar en el siguiente enunciado:

Fuimos creados para glorificar a Dios y fructificar

Santa Teresa de los Andes unió de forma magistral este doble propósito existencial así: *"Jesús mío, ahora he visto que todo lo del mundo es vanidad. Que solo una cosa es necesaria: amarte y servirte con fidelidad, parecerme o asemejarme en todo a Tí. En eso consistirá toda mi ambición."* El gran PARA QUÉ de Santa Teresa es muy claro, pues sabe que fue creada para glorificar a Dios y para fructificar llegando a asemejarse en todo a Él.

Fuimos creados para glorificar a Dios

Siendo nuestro primer propósito el glorificar a Dios consideremos las formas principales en las que podemos glorificarlo. Estas nos llevan a hacer lo que Él dijo que hiciéramos, y a creer en todo lo que nos ha dicho. Le damos gloria amándolo a Él sobre todas las cosas, lo que nos lleva a andar con Él en toda circunstancia.

Pero eso no significa que obedecemos por miedo al castigo. No se trata de eso. Mas bien entendemos que es la respuesta a nuestro gran PARA QUÉ, de tal modo que queramos caminar con Él. Ese entendimiento significa que respondemos con todo nuestro corazón lo mucho que Él nos ha amado. Aquí mostramos nueve formas en las que glorificamos a Dios:

1. **Glorifico a Dios en la Santa Misa:** Cuando nosotros participamos activamente en la Santa Misa nos unimos a glorificar al Creador actualizando de manera incruenta el sacrificio de Cristo en la cruz. Se puede decir que es el medio de santificación más perfecto porque lo glorificamos participando en la vida y misterio de Jesucristo, por Él, con Él y en Él. Ahí ofrecemos nuestras obras, nos ofrecemos a nosotros mismos,

pedimos perdón por todos nuestros pecados alcanzando gracias para toda la Iglesia, reparamos las ofensas de otros y rendimos una alabanza de valor infinito porque lo hacemos por medio de Jesucristo. San Francisco de Sales dijo: *"La oración, unida con ese divino sacrificio de la Misa, tiene una fuerza indecible; de modo que por este medio abunda el alma de celestiales favores como apoyada sobre su Amado".*

2. **Glorifico a Dios en el Santísimo Sacramento:** En la adoración Eucarística, en espíritu y en verdad, glorificamos a Dios porque le devolvemos todo el cariño de esa visita que Él antes hizo a nuestra alma, cuando le recibimos en la santa Comunión. Al ser una prolongación de la Santa Misa continuamos participando en la obra de la Redención por lo que no es una simple devoción. Esta oración personal ante el Santísimo Sacramento, estando o no expuesto, consiste en acompañar con el corazón al Señor en sus últimos momentos, aprender de Él, agradecer su sacrificio y corresponder a su amor al quedarse con su pueblo como lo prometió. San Francisco de Sales nos dirá de este increíble Sacramento: *"Los santos sienten que Jesucristo Sacramentado se difunde y comunica totalmente a sus almas y a sus cuerpos. Él todo lo repara, modifica y vivifica; ama en el corazón, escucha en la cabeza, ve en los ojos, habla en la lengua; hace todo en todo y entonces no vivimos nosotros, sino que el mismo Jesucristo quien vive en nosotros".*

3. **Glorifico a Dios en Retiros espirituales:** En un retiro espiritual glorificamos a Dios de una manera increíble porque hacemos dos cosas fundamentales. La primera es que si no estamos Bautizados podemos encontrarnos con el Creador y adherirnos a Él en Espíritu y en verdad, para renacer de nuevo del agua y del Espíritu, tan pronto tengamos una oportunidad, en el santo Bautismo. Lo segundo increíble que sucede es que, si ya hemos sido bautizados, tenemos la oportunidad de reavivar el don hermoso que recibimos en nuestro santo Bautismo retomando el camino para agradarle. Si hemos sido bautizados de niños y hemos recibido un pobre seguimiento de este nuevo renacer en Cristo, el Señor no nos deja solos, proveyendo retiros espirituales con el propósito de que todos lleguemos a glorificarlo. Cuánta gloria a Dios le damos en un retiro. También, allí le apartamos un tiempo exclusivo para encontrarnos de una manera más intensa,

profunda y directa con Él. Ahí nos alejamos por un tiempo del ruido de las obligaciones cotidianas y de los asuntos materiales para sumergirnos en Su hermosa presencia. Al vivir con autenticidad estos ejercicios espirituales, experimentamos la atracción de Dios y regresamos renovados a la vida habitual para llevar con nosotros la fragancia de Cristo.

4. **Glorifico a Dios en Asambleas Comunitarias:** Damos gloria a Dios en las asambleas comunitarias cuando las mismas están en orden con la Iglesia y son una Teofanía. Es decir, se caracterizan por una poderosa manifestación de Dios en la que se derrama Su amor cambiando nuestros corazones. Ahí nos encontramos con Jesús Resucitado, que en la Asamblea libera, sana, salva; y el Espíritu Santo fluye libremente. En las asambleas nos dirigimos al Padre en alabanza y adoración por Jesucristo en el Espíritu Santo. Allí elogiamos al Señor por Su gran amor, celebramos con júbilo Su presencia y nos gozamos en Su plenitud. La predicación es un elemento de importancia vital en una Asamblea, ya que la fe viene de la predicación. Esta debe ser con poder, es decir, bajo la fuerza y unción del Espíritu Santo, que logra tocar los corazones y que produce en los oyentes, esa adhesión explícita a Dios. También, en las asambleas formamos una verdadera comunidad cristiana que busca asemejarse a las primeras comunidades viviendo unidos, con un mismo espíritu, tomando el alimento con alegría y sencillez de corazón, alabando a Dios y gozando de la simpatía de todas las personas.

5. **Glorifico a Dios en el estudio:** Con el estudio de la fe damos gloria a Dios porque nos preparamos para dar razón a los demás sobre la esperanza cristiana. Es un instrumento espléndido para nuestra instrucción en las verdades de la fe, ya que nos encontramos con una síntesis de lo que la Iglesia nos transmite en nombre de Cristo. Está basado en las Sagradas Escrituras, pero también en la Tradición, que es la enseñanza de Jesús a sus Apóstoles, transmitida oralmente por ellos, de generación en generación. Con el estudio nos educamos en los santos Sacramentos, oraciones, liturgia, mandamientos y en cuestiones particulares que son de máxima actualidad. En el llamado a ser discípulos y misioneros de Jesucristo se nos atribuye la responsabilidad de formarnos en la fe. Es por eso que en cada

hogar debemos tener dos libros de máxima importancia: La Santa Biblia y el Catecismo de la Iglesia Católica.

6. **Glorifico a Dios en el trabajo:** Dedicarle a Dios lo que haremos durante el trabajo es un buen comienzo para glorificarlo. Ante nuestra petición de: *"Danos hoy el pan nuestro de cada día",* Dios contesta a través del trabajo de muchas de sus criaturas, incluyendo el nuestro. Por eso, le glorificamos al consagrar al Señor solo cosas buenas con el propósito de no caer en la pereza o en la desidia. Además, le damos gloria al afrontar los quehaceres con más esperanza, con más optimismo y bien persuadidos de que escucharemos y atenderemos las innumerables inspiraciones y mociones del Espíritu Santo en la jornada laboral.

7. **Glorifico a Dios en mi vocación:** Cuando vivimos con santidad el compromiso adquirido, que percibimos como los planes de Dios para nosotros, le damos gloria a Dios. Es desde nuestra vocación que realizamos nuestra misión en la vida, ese designio y ese plan que Dios ha previsto para que cada uno alcance la máxima realización personal. Desde nuestra vocación le damos gloria a Dios porque hacemos notorio el efecto implícito del evangelio en todo lo que hacemos por amor a nuestro prójimo y representamos el tipo de vida personal que elegimos para relacionarnos con la iglesia. Tenemos la posibilidad de elegir entre cuatro tipos de vocaciones: sacerdocio, vida religiosa, casados y la vida de soltero.

8. **Glorifico a Dios con las obras de misericordia:** Glorificamos a Dios cuando, iluminados por los rayos de la gracia al igual que un cristal, iluminamos a los demás con la luz del buen ejemplo en nuestras palabras y acciones. Se trata de operar la misericordia, siendo las obras una expresión muy necesaria. La tradición cristiana las ha elaborado y clasificado como obras corporales y espirituales. No es por la grandeza y la multiplicidad de nuestras obras por lo que le damos gloria a Dios, sino por el amor con el que las hacemos. En éstas ayudamos a nuestro prójimo en sus necesidades corporales y espirituales. En las obras espirituales los instruimos, aconsejamos, consolamos, confortamos, perdonamos y sufrimos con paciencia. En las obras corporales les damos de comer al hambriento, les damos limosna a los pobres, techo a quien no lo tiene, vestimos al desnudo, enterramos a los muertos, y visitamos a los enfermos y a los presos.

9. **Glorifico a Dios en la Oración Personal:** La oración personal es la herramienta más poderosa del mundo. En ella damos gloria a Dios porque mantenemos una relación continua con nuestro Padre mientras buscamos y confiamos en Su dirección. La oración es tratar de amistad a solas con quien nos ama. O como dirá Santa Teresa de Lisieux: *"Para mí la oración es un impulso del corazón, una sencilla mirada al cielo, un grito de agradecimiento y de amor en las penas como en las alegrías."* Así como los astronautas necesitan oxígeno, nosotros los cristianos necesitamos oración. Es tan vital, que si no oramos, nos desconectamos del Dios vivo llevándonos a confiar solo en nuestras habilidades humanas, la estrechez mental y a ser vulnerables al enemigo. Al orar nos abrimos a las posibilidades que Cristo nos tiene reservadas.

Quizás de ahora en adelante hagamos con más conciencia la oración del Gloria en la Santa Misa ya que al hacerla hacemos realidad nuestro gran PARA QUÉ de Glorificar a Dios sobre todas las cosas.

Oremos:
Gloria a Dios en el cielo, y en la tierra paz a los hombres que ama el Señor. Por tu inmensa gloria te alabamos, te bendecimos, te adoramos, te glorificamos, te damos gracias, Señor Dios, Rey celestial, Dios Padre todopoderoso Señor, Hijo único, Jesucristo. Señor Dios, Cordero de Dios, Hijo del Padre; tú que quitas el pecado del mundo, ten piedad de nosotros; tú que quitas el pecado del mundo, atiende nuestra súplica; tú que estás sentado a la derecha del Padre, ten piedad de nosotros; porque sólo tú eres Santo, sólo tú Señor, sólo tú Altísimo, Jesucristo, con el Espíritu Santo en la gloria de Dios Padre. Amén.

Fuimos creados para fructificar

Además de glorificar a Dios fuimos creados para fructificar. Si queremos experimentar todo lo extraordinario que el Creador quiso que viviéramos necesitamos fructificar con múltiples obras de amor. Madre Teresa de Calcuta dijo: *"Cada obra de amor, llevada a cabo con todo el corazón, siempre logrará acercar a la gente a Dios."* Con este segundo propósito en mente es que se desarrolla todo el fascinante contenido que estás a punto de descubrir en **"Fructifica"**. Pero antes, quisiera que preparemos el camino mediante una increíble conversación que tiene como base estos conceptos.

No se empieza la casa por el tejado

"Si quieres ser grande, comienza por ser pequeño; si quieres construir un edificio que llegue hasta el cielo, piensa primero en poner el fundamento de la humildad. Cuanto mayor sea la mole que se trate de levantar y la altura del edificio, tanto más hondo hay que cavar el cimiento. Y mientras el edificio que se construye se eleva hacia lo alto, el que cava el cimiento se abaja hasta lo más profundo. El edificio antes de subir se humilla, y su cúspide se erige después de la humillación." Agustín de Hipona

Qué alegría que estemos en un camino de conversión diaria donde luchamos por desatar nuestro máximo potencial con una vida en el Espíritu. Durante ese proceso podemos llegar a desconectar nuestro gran PARA QUÉ de nuestro máximo potencial por lo que necesitamos preguntarnos, ¿cómo estamos construyendo nuestra vida? Pues, San Pablo nos advierte, *"Yo puse los cimientos como buen arquitecto, pues recibí ese talento de Dios, y otro construye encima. Que cada uno, sin embargo, se pregunte cómo construye encima"* (1° Corintios 3, 10). De ser así te identificarás con la persona con la que tuve el siguiente diálogo:

—¿Experimentas tu máximo potencial? —le pregunté de improviso.

Ella respiró profundo por varios segundos y se animó a responder:

—Ahora mismo siento frustración —respondió con una mirada caída—. Me pregunto, ¿en qué fallé? Todo parece tan oscuro. La impotencia me desespera y lo único que quisiera es no sentirme así.

Su respuesta me dejó sin palabras pues no le interesaba llegar a ninguna parte. Solo quería dejar de estar ahí donde se encontraba. No se trataba de si entendió o no la pregunta o si sabría identificar su máximo potencial. Su situación actual la abrumaba tanto que solo pensaba en escapar. Ahí recordé que el estrés cansa el cerebro haciendo que le cueste más razonar. Además, no pensamos con claridad porque el estrés cambia nuestro estado anímico, causando pérdida de alegría, motivación e ilusión.

De igual manera nos sucede a nosotros. En estrés nos resulta muy difícil pensar en el objetivo final de nuestra vida. Nuestro estado actual de desesperanza bloquea cualquier cosa que no lo valide. Nuestro cerebro no produce suficientes endorfinas, las hormonas del bienestar, logrando solo disponernos para actuar y no para analizar.

Si a esto le sumamos, que con estrés nos sentimos más lentos, más apáticos, que la hormona del cortisol se eleva en la sangre y altera todo nuestro metabolismo, obtenemos un mal cóctel. ¡Cuando le buscamos sentido a la vida, estando en estrés, es como quien comienza a construir una casa por el tejado! Hace falta mejor trabajar con el estrés primero.

¿Tendremos niebla mental?

"En todo caso, la obra de Dios no es confusión, sino paz." 1º Corintios 14, 33

En ese instante me di cuenta, que para que ella saliera del estado de estrés en el que se encontraba, no bastaba con enfocarme en el destino final. Era necesario trabajar con la resistencia al cambio, el estrés. Aun cuando estábamos de acuerdo en que ese estado no era deseado, eso no significaba que ella haría algo para cambiarlo. De hecho, ella no sabía qué más hacer. Ella solo quería dejar de estar en esa situación.

Más tarde le recordé el episodio del clásico de la literatura infantil, Alicia en el país de las maravillas. En la novela de Lewis Carroll, el gato de Cheshire mantiene un breve diálogo con Alicia cuando ésta se encuentra perdida en el bosque en una encrucijada de caminos. Éste sorprendente diálogo era algo así:

—¿Me podrías indicar, por favor, hacia dónde tengo que ir desde aquí?

—Eso depende de a dónde quieras llegar —contestó el Gato.

—A mí no me importa demasiado a dónde... —empezó a explicar Alicia.

—En ese caso, da igual hacia donde vayas —interrumpió el Gato.

—... siempre que llegue a alguna parte —terminó Alicia a modo de explicación.

—¡Oh! Siempre llegarás a alguna parte —dijo el Gato—, si caminas lo bastante.

Este diálogo, expuesto por Lewis Carroll en Alicia en el país de las maravillas, es también para nosotros y expresa lo absurdo que es buscar dirección cuando solo queremos dejar de estar en donde nos encontramos. Para salir de ese lugar solo basta seguir caminando y llegaremos a algún lugar. Eso sí, de seguro no llegaremos a un lugar mejor.

De ahí la importancia de tener un objetivo en la vida. Lo triste es que en estrés ni siquiera lo vamos a considerar. Pues en estrés caminamos sin rumbo a un ritmo de vida acelerado, nos sentimos lentos, apáticos y con todo el metabolismo alterado. Es como padecer una niebla mental.

Si por el estrés nuestra prioridad se reduce a estar alertas y evitar el peligro, todo lo que no sea relevante para esa tarea queda a un lado. Estamos en un modo de defensa que es muy bueno para combatir amenazas, para responder, para escondernos, para pelear, pero no para ver a dónde vamos. ¿Será que tenemos niebla mental?

Salir a flote no siempre es suficiente

"Se acercaron a él y lo despertaron: «Maestro, Maestro, ¡estamos perdidos!» Jesús se levantó y amenazó al viento y a las olas encrespadas; se tranquilizaron y todo quedó en calma." Lucas 8, 24

La niebla mental que produce el estrés se asemeja también, a la sensación de querer pensar en cómo llegar a la superficie cuando estamos sumergidos. Recuerdo una vez en la que fui a la playa en Puerto Rico. Ese día el mar estaba agitado y las olas reventaban en la orilla. Así que poco a poco me sumergí en el agua sin anticipar lo que sucedería.

Lo único que deseaba era pasar un buen rato en familia junto a ese mar azul turquesa de la costa norte. Entre la suave brisa y las palmeras ondulantes, todo era perfecto. Hasta que, ¡zas!, una ola me envolvió.

En un instante solo luchaba por salir a flote. Daba vueltas sin parar y sin ningún sentido de dirección. No encontraba el fondo ni la superficie. El corazón iba a mil revoluciones por segundo. Mis pies y mis manos los movía como un loco. No pensaba con claridad. No tenía dirección. No tenía firmeza. El aire se me acababa y la asfixia me ganaba. Mi desesperación hacía todo más difícil, y cuando por fin salí a flote, otra ola me azotó. Al cabo de varios minutos me abrí paso entre la espuma, encontré la superficie y nadé hacia la orilla sin mayor dificultad.

En esta ocasión desesperarme, salir a flote y nadar hacia la orilla fue suficiente. Pero, si hubiera caído en una corriente de resaca la historia hubiera sido distinta y fatal. Las corrientes de resaca se forman cuando el agua que llega a la playa vuelve mar adentro en zonas específicas.

De caer en una, los expertos dicen, que se debe guardar la calma y jamás nadar contra corriente hacia la orilla. Por el contrario se debe nadar paralelamente a la orilla. Luego, cuando ya no se sintiera el tirón de la corriente, toca volver a la playa aprovechando el empuje de las olas. En caso de una corriente de resaca salir a flote no es suficiente.

Esta historia es similar a la de Alicia. Ella podía caminar lo bastante sin llegar a ningún lugar de provecho. Yo podía nadar lo bastante y tampoco llegar a ninguna parte de provecho. Igual nosotros podemos caminar en la vida lo bastante sin llegar a ninguna parte de provecho. La niebla mental hace que, en lugar de hacer una evaluación sobria, nos guiemos por los instintos, nos paremos y caminemos lo bastante tan solo para terminar en un lugar peor. Mas estas situaciones nos enseñan que la adversidad también es maestra, pues como dijo Johann Wolfgang von Goethe:

"El talento se educa en la calma, y el carácter en la tempestad."

La empatía como cimiento

"Yavé me dijo entonces: Hijo de hombre, estos huesos son toda la casa de Israel. Ahora dicen: "Nuestros huesos se han secado, nuestras esperanzas han muerto, hemos sido rechazados". Ezequiel 37, 11

Para comenzar a salir de la niebla mental, ayuda mucho el sentirnos comprendidos. Henry Ford dijo una vez: "Si hay un secreto del buen éxito reside en la capacidad para apreciar el punto de vista del prójimo y ver las cosas desde ese punto de vista así como del propio." Eso me recuerda el anuncio colgado a la puerta de una tienda:

"Cachorritos en venta"
Entre los perritos había uno con una cadera defectuosa y que cojeaba. Ese era precisamente el que el niño quería comprar. Pero, el dueño se lo regalaba. El niño por su parte insistía en comprarlo alegando que ese perro tenía el mismo valor que los otros. El hombre trató de hacerle entender que ese animal jamás podría correr, saltar y jugar como los otros perritos. En ese instante, el niño se agachó y se levantó la pernera de su pantalón. Le mostró su pierna izquierda, cruelmente retorcida e inutilizada y soportada por un gran aparato de metal. Miró de nuevo al hombre y le dijo: "Bueno, yo no puedo correr muy bien tampoco, y el perrito necesitará a alguien que lo entienda".

De igual manera no es fácil para nosotros sufrir la desilusión. Creíamos que todo estaba bien cuando en realidad hace mucho tiempo que no lo estaba. Claro que duele. No dejamos de sentir porque somos humanos y muy sensibles. Todavía tenemos un corazón que late y bombea sangre. Por eso la desilusión nos puede arrastrar al límite de nuestra capacidad. Lo peor es que el camino se siente cuesta arriba y las molestias que antes pasábamos por alto, se han convertido en verdaderas calamidades.

Es duro descubrir que las apariencias no engañan sino las expectativas. Es duro ver que el tiempo no cambia a las personas sino que les quita su máscara. Es duro sentir que no todas las cosas que se rompen hacen ruido; algunas se derrumban en el más absoluto de los silencios.

No es la vida la que divide a la gente sino la maldad, la hipocresía y la falta de respeto. Lo más difícil, es que cuando alguien te rompe el corazón, no sabes cómo dejar de amar con cada uno de esos pedazos. Te duele porque amas. Te duele porque sientes. Te duele porque su indiferencia aplasta tu corazón. ¿A quién le gusta sentir su corazón oprimido? ¿Habrá quien le agrade sentirse impotente? A nadie, ¿verdad?

A cada noche le llega su mañana

"El coraje no es la ausencia de miedo, sino el juicio de que alguna otra cosa es más importante que el miedo" Ambrose Redmoon

No podemos quedarnos inmóviles. Necesitamos creerle a Dios cuando nos dice: *"Yavé irá delante de ti. Él estará contigo; no te dejará ni te abandonará. No temas, ni te desanimes" (Deuteronomio 31, 8).*

El primer tiempo no ha terminado porque solo acaba cuando acaba la vida. Todavía estamos en el cuadrilátero de batalla y la campana final no ha sonado. Todavía la Tierra gira y no hay obstáculo que la detenga. Todavía el Sol calienta en otras partes y el invierno no prevalece.

La vida tiene infinidad de capítulos y un mal capítulo no es el fin de la historia. Así nuestra historia se llene de noches oscuras, a cada noche le llega su mañana. A cada tormenta le sigue su calma. Y cuando esta calma llegue, la apreciaremos más porque nos costó muchas tormentas.

Sigamos adelante luchando porque ninguna pena es para siempre. Aun cuando la vida nos golpee con miles de obstáculos, nosotros ponemos los límites. Aun cuando nuestra mente nos recuerde nuestra pequeñez, frialdad y flaqueza. Nosotros podemos recordarle a ella nuestra grandeza, nuestra pasión y fortaleza. Recordarle que no hay progreso sin esfuerzo ni batalla sin prueba. La victoria solo llega con sacrificio y nos demuestra que no son tiempos malos, son tiempos para ser mejores.

Son tiempos para grabarnos en el corazón que a veces se gana y a veces se aprende. Son tiempos para llorar si tenemos que llorar. Pero después, toca llenarnos de valor y levantarnos. Toca secarnos las lágrimas y seguir adelante. Que el temor nunca supere nuestro talento y que nuestra sonrisa nunca brille solo en fotos porque a nuestra noche le llegó su mañana. Ahora recordemos las palabras de Madre Teresa:

"Siempre ten presente que la piel se arruga, el pelo se vuelve blanco, los días se convierten en años... Pero lo importante no cambia; tu fuerza y tu convicción no tienen edad. Tu espíritu es el plumero de cualquier tela de araña. Detrás de cada línea de llegada, hay una de partida. Detrás de cada logro, hay otro desafío. Mientras estés viva, siéntete viva. Si extrañas lo que hacías, vuelve a hacerlo. No vivas de fotos amarillas... Sigue aunque todos esperen que abandones. No dejes que se oxide el hierro que hay en ti. Haz que, en vez de lástima, te tengan respeto. Cuando por los años no puedas correr, trota. Cuando no puedas trotar, camina. Cuando no puedas caminar, usa el bastón. ¡Pero nunca te detengas!

¡Bendito sea Dios que a nuestra noche le llegó su mañana!

Ahora que estamos en mejor posición de retomar el objetivo que nos interesa te presento la parte final del dialogo que habíamos comenzado:

—*¿Podrías mencionar por lo menos tres anhelos que tengas?*

Luego de pensarlo en detalle me respondió:

—*Me gustaría que mis hijos tomarán buenas decisiones.*

—*¿Para qué?*

—*Para sentirme en paz.*

—*¿Qué otro anhelo tienes?*

—*Me gustaría tener un trabajo para aportar en el hogar.*

—*¿Qué te daría ese trabajo además de dinero?*

—*Tranquilidad.*

—*Bien, ¿qué otro anhelo tienes?*

—*Me gustaría tener la alegría de estar todos juntos alrededor de la mesa.*

—*Si te fijas, el anhelo último es la alegría y la paz. Curiosamente Dios ya compartió con nosotros esas virtudes y anhela que nosotros, a su vez, las compartamos. Él sabe que cuanto más las compartimos más nos llenan. ¿Te imaginas lo increíble que sería tener en este momento esa paz y esa alegría? Llevaríamos la paz y la alegría a esas situaciones y no al revés. Seríamos catalizadores de cambio sin esperar a que las cosas sólo pasen. ¿No te parece fenomenal que incluso las podamos llevar al próximo nivel? Por ejemplo, no sería una paz ordinaria sino una paz extraordinaria que no depende de factores externos como la aparente seguridad que sentimos desde nuestra zona de comodidad. La alegría no sería la complacencia de lo injusto o de la desgracia de otro sino un gozo increíble a pesar de las desdichas. Si nos enfocamos en el anhelo último es más fácil reconocer lo que realmente necesitamos.*

—*¿A qué te refieres?*

—*Me refiero a que, por ejemplo, necesitamos más la paz que el hecho de que nuestros hijos tomen mejores decisiones. Por eso a veces es tan difícil definir cuál es nuestro máximo potencial. Sin darnos cuenta vemos los medios como la finalidad. ¿Te has preguntado en función de qué se encuentra nuestro máximo potencial como cristianos?*

—*Realmente no.*

—*¿Deseas descubrirlo?*

—*Por supuesto.*

Oremos:

Espíritu Santo
que iluminas todo entendimiento,
te pido que aclares mi mente
para que sea más dócil a tu divina inspiración
y así poder cumplir con fidelidad
mi propósito aquí en la tierra.

Deseo de todo corazón glorificarte en espíritu
y en verdad de manera que pueda renunciar
a toda la vanidad que me ofrece el mundo
y decir como San Pablo:
"Ya no vivo yo sino es Cristo quien vive en mí".

Solo una cosa es necesaria y es moverme
amorosamente en dirección a mi gran
PARA QUÉ glorificando y mostrando
los frutos de una sincera conversión.

Ayúdame a cumplir con todo lo necesario
para que sea instrumento vivo de salvación
alcanzando así el máximo potencial
con el que el Creador me ha dotado en Cristo Jesús.

Concédeme ser fiel al llamado que he recibido
para así adherirme más a Cristo,
dar fruto en abundancia
y conquistar la corona prometida
en la vida eterna.

Amén.

Segunda parte:

UNA VIDA RENOVADA

¿Cómo alcanzamos nuestro gran PARA QUÉ?

Objetivo: Proponer la solución definitiva que nos puede transformar y desatar nuestro máximo potencial.

¿Cómo alcanzamos nuestro gran PARA QUÉ?
El culmen de la predicación de Jesús
La clave está en el séptimo gran YO SOY
Israel, la vid infructífera
La vid no es una nación sino comunión
El fruto en Juan 15 no son buenas obras
El fruto supone una colaboración
El secreto para fructificar, la libre cooperación
¿Qué es lo primero que obra la gracia del Espíritu
en nosotros para la fructificación?
¿Qué es lo segundo que obra la gracia del Espíritu
en nosotros para la fructificación?
El fruto de permanecer en la vid es la santidad

¿CÓMO ALCANZAMOS NUESTRO GRAN PARA QUÉ?

"También ustedes, al escuchar la Palabra de la Verdad, el Evangelio que los salva, creyeron en él, quedando sellados con el Espíritu Santo prometido, que es el anticipo de nuestra herencia.
Por él va liberando al pueblo que hizo suyo, para que al fin sea alabada su Gloria." Efesios 1, 13-14

Hemos logrado un avance grandísimo al identificar nuestro gran PARA QUÉ. ¿Cuánta gente no deja este mundo sin siquiera saborear, de lejos, las primicias del cielo? ¿Cuántos no logran salir de la inercia que los mantiene en el terrible ciclo del producir, consumir y entretenerse? Su vida es una monotonía constante que los empuja cada vez más a cosas novedosas que los entretienen, mas no les llenan. A estas personas, *"La perdición los espera; su Dios es el vientre, y se sienten muy orgullosos de cosas que deberían avergonzarlos. No piensan más que en las cosas de la tierra"* (Filipenses 3, 19). Solo se llenan de vacío y terminan repletos de nada.

Más nosotros no estamos exentos de rechazar la verdad de Dios poniendo de excusa el pobre testimonio de muchos. También podemos despreciar la única posibilidad de libertad para esclavizarnos a una vida sin sentido. En esa ociosidad solo queda el pecado con su efímera gratificación.

La realidad es que, *"¿cuál ha sido el fruto? Al final está la muerte"* (Romanos 6, 21). Muertos por el pecado nos aferramos a buscar respuestas en la creación. Lo cierto es que no hay respuesta en la creación. Solo el Creador tiene la respuesta y nos invita a obtenerlas al prometernos: *"Llámame y te responderé; te mostraré cosas grandes y secretas que tú ignoras" (Jeremías 33, 3).* Su mandamiento supremo es la semilla de esa respuesta que tanto ocupamos.

Fuimos creados para glorificarle y fructificar

Es cierto que muchos nos han decepcionado al no practicar lo que predican. Desde posiciones de poder han tomado ventaja y han hecho mucho daño. Pero eso no invalida el mensaje. Eso solo demuestra que se equivocan distinto a como nosotros nos equivocamos. El mensaje no se anula por la falta de testimonio porque vemos que otros miles sí lo logran llevar a cabo. Por primera vez en la historia de la humanidad hay personas que demuestran que sí es posible obtener una vida plena.

Ahora nos toca a nosotros descubrir una manera concreta para alcanzar nuestro gran PARA QUÉ. A manera de resumen, y sin ánimo de brindar una única herramienta, deseo presentar un camino para lograr esa vida plena. Así como nuestro gran PARA QUÉ no lo encontramos en la creación sino en la revelación, de igual manera la forma de alcanzarlo tampoco estará en la creación sino a través de la revelación. Ésta vino por la ley de Moisés y luego por Cristo. Así lo testifica el discípulo amado:

"Por medio de Moisés hemos recibido la Ley, pero la verdad y el don amoroso nos llegó por medio de Jesucristo. Nadie ha visto a Dios jamás, pero Dios-Hijo único nos lo dio a conocer; él está en el seno del Padre y nos lo dio a conocer." Juan 1, 17-18

En la revelación descubriremos que la única manera de obtener el alimento que necesitamos es abandonando la inercia. Esperar que el alimento llegue a nosotros solo posterga la vida plena que soñamos.

Aquí me gustaría hacer una advertencia. Tan pronto queramos abandonar la inercia encontraremos oposición. Mas la inmovilidad no se vence con pereza. Así que nos tocará sufrir si queremos avanzar.

La buena noticia es que no estamos solos, porque Dios nos revela que Él es el único que nos libera del producir, consumir y entretenernos. *"Mediante la razón natural, el hombre puede conocer a Dios con certeza a partir de sus obras. Pero existe otro orden de conocimiento que el hombre no puede de ningún modo alcanzar por sus propias fuerzas, el de la Revelación divina (cf. Concilio Vaticano I: DS 3015). Por una decisión enteramente libre, Dios se revela y se da al hombre. Lo hace revelando su misterio, su designio benevolente que estableció desde la eternidad en Cristo en favor de todos los hombres (CIC #50).* Cristo es quien revela como alcanzamos nuestro gran PARA QUÉ en el culmen de Su predicación.

Israel: YO-SOY me ha enviado a ustedes" (Éxodo 3, 14). Ahora Jesús, conectado con el capítulo tres del Éxodo, desea dejar clara la importancia de la dependencia de Su amor. Veamos un momento los siete gran "YO SOY" proclamados por Jesús en el evangelio de Juan:

1. *"Yo soy el pan de vida. El que viene a mí nunca tendrá hambre y el que cree en mí nunca tendrá sed." Juan 6, 35*
2. *"Yo soy la luz del mundo. El que me sigue no caminará en tinieblas, sino que tendrá luz y vida." Juan, 8, 12*
3. *"Yo soy la puerta: el que entre por mí estará a salvo; entrará y saldrá y encontrará alimento."Juan 10, 9*
4. *"Yo soy el Buen Pastor. El buen pastor da su vida por las ovejas." Juan 10, 11*
5. *"Yo soy la resurrección y la vida. El que cree en mí, aunque muera, vivirá." Juan 11, 25*
6. *"Yo soy el Camino, la Verdad y la Vida. Nadie va al Padre sino por mí." Juan 14, 6*
7. *"Yo soy la vid verdadera y mi Padre es el labrador." Juan 15, 1*

El último gran "YO SOY" de Jesús trae una revelación increíble que no debemos pasar por alto.

1. Enfatiza Su autoridad al relacionarse con el libro del Éxodo en el capítulo tres.
2. Por ser ésta la séptima declaración notamos la connotación de plenitud, pues el número siete en la Biblia es signo de plenitud.
3. Puntualiza la relación que tiene Él con el Creador.
4. La comparación con la vid verdadera es una clara referencia, que se opone al pueblo de Israel ya comparado con una vid.

Israel, la vid infructífera

En el Antiguo Testamento la vid es usada, con frecuencia, como un símbolo para referirse a la nación de Israel; y no es con la intención de alabarla. Todo lo contrario, para reprenderla. Aunque podemos pensar que la intención era demostrar su desobediencia, lo cierto es que más bien la intención fue preparar el camino al Mesías. Dentro del plan bendito de Dios, era necesario que así pasara. De esta manera Dios buscaría que la humanidad se diera cuenta de su impotencia en realizar un bien completo sin Su ayuda. El pueblo de Israel fue el pueblo escogido para demostrar que, por más frutos que se propusiera dar, no darán ningún fruto sin una profunda y real dependencia a Su amor. Por eso no fructificó.

Ellos eran el pueblo elegido por Dios para comenzar Su maravilloso plan de fructificación. Dios sabe muy bien que el hombre se distingue del resto de la creación en que tiene inteligencia y voluntad. Por eso busca conquistar su inteligencia y su voluntad. Esto lo comenzó a realizar mediante la Ley Mosaica que se compone de tres partes:

1. Los diez mandamientos
2. Las ordenanzas
3. El sistema de adoración: El sacerdocio, el tabernáculo, las ofrendas y las fiestas (Éxodo 20-40; Levítico 1-7; 23).

El propósito principal de la Ley no era su cumplimiento aunque ellos así lo vieron. El propósito primordial de la Ley, Dios lo revelaría más tarde en la plenitud de los tiempos con el mesías esperado. A continuación te presento tres ejemplos donde veremos que Israel no es una vid que produjo los frutos que se esperaban de ella.

Primer ejemplo: Salmos 80, 9-16

En el Salmo ochenta el salmista compara a Israel con una vid que fue traída de Egipto y plantada en la tierra de Canaán. Curiosamente, al comparar a la nación de Israel con la vid, lo hace para resaltar que no dio el fruto que se esperaba de ella.

"Tenías una viña que arrancaste de Egipto, para plantarla, expulsaste naciones. Delante de ella despejaste el terreno, echó raíces y repletó el país. De su sombra se cubrieron las montañas y de sus pámpanos, los cedros divinos. Extendía sus sarmientos hasta el mar y sus brotes llegaban hasta el río. ¿Por qué has destrozado sus cercos? Cualquier transeúnte saca racimos, el jabalí de los bosques la devasta y los animales salvajes la devoran. ¡Oh Dios Sabaot, es hora de que regreses; mira de lo alto del cielo y contempla, visita esa viña y protégela, ya que tu derecha la plantó!" Salmo 80, 9-16

Segundo ejemplo: Isaías 5, 1-7

En el capítulo cinco del libro de Isaías el Creador compara, de nuevo, a Israel con una viña. En este ejemplo Israel tampoco dio el fruto que se esperaba de ella.

"Una viña tenía mi amigo en una loma fértil. La cavó quitando las piedras y plantó cepas escogidas. En medio de ella construyó una torre y también cavó un lagar. Él esperaba que produjera uvas, pero sólo le dio racimos amargos. Acérquense, habitantes de Jerusalén, y

hombres de Judá: juzguen ahora entre mi viña y yo. ¿Qué otra cosa pude hacer a mi viña que no se lo hice? ¿Por qué, esperando que diera uvas, sólo ha dado racimos amargos?" Isaías 5, 1-4

Tercer ejemplo: Jeremías 2, 21-22

También, en Jeremías Dios amonesta a Israel comparándola con una viña, pero esta vez lo hace con extrema dureza al decir:

"Yo te había plantado como una parra fina. ¿Cómo has pasado a ser para mí viña degenerada? Aunque te laves, te limpies y te restriegues, ante mí no desaparecerá la mancha de tus faltas -palabra de Yavé-."
Jeremías 2, 21-22

¿Por qué Israel no dio fruto?

Israel no produjo buenos frutos porque, sin saberlo, no era más que una sombra que apuntaba hacia Jesús, la verdadera vid. Para Israel, al igual que para nosotros, es imposible dar fruto por las propias fuerzas. Pensaban que con el esfuerzo era suficiente.

¿Cuál fue el resultado de sus esfuerzos?

Terminaron convirtiéndose en jueces implacables de los demás. No hubo espacio para mostrar caridad y fueron indiferentes ante la necesidad ajena. Su obsesión por defender sus intereses los tornó increíblemente hipócritas. Tanto así que merecían estas palabras: *"Tú te crees guía de ciegos, luz en la oscuridad, maestro de los que no saben, el que enseña a los pequeños, y posees en la Ley todo lo esencial, y las normas del conocimiento y de la verdad. Pues bien, tú que enseñas a los demás, ¿por qué no te instruyes a ti mismo? Dices que no hay que robar, ¡y tú robas! Dices que no se debe engañar a la propia esposa, ¡y tú lo haces! Afirmas que aborreces a los ídolos, pero ¡robas en sus templos! Te sientes orgulloso de la Ley, pero pasas por encima de ella, de tal manera que deshonras a tu Dios" (Romanos 2, 19-23).*

Ellos no fructificaron porque las fuerzas del corazón humano no alcanzan para cumplir la ley y producir los frutos que el creador desea; simplemente no alcanzan.

La inteligencia humana es suficiente para percibir la belleza de la ley.
Pero, la voluntad humana no lo es para cumplirla.

Pero, ellos no lo sabían y trataban de cumplir la ley a pura fuerza de voluntad. Por fuera podían lucir muy bien, pero por dentro estaban muertos por el pecado. Ellos esperaban a un rey que los gobernara por fuera, sin saber que el rey lo haría por dentro. Tampoco sería con opresión o imposición, sino en una amorosa participación.

El Dios amoroso que los había creado por amor
les dará lo que necesitan sin imposición.

La vid no es nación sino comunión

Ahora llega el Mesías con un mensaje que lo cambiará todo. Ahora llega Jesús en la plenitud de los tiempos y, a unas pocas horas antes de dar la vida por todos nosotros, promete algo desconcertante. Jesús promete producir los frutos que Israel no pudo dar. Para hacerlo más dramático, no solo promete dar buen fruto, sino un fruto más excelente al esperado y que respalde Sus nuevas exigencias. Aquí presentamos algunas:

Asesino es también quien se enoja con su hermano:
"Ustedes han escuchado lo que se dijo a sus antepasados:
«No matarás; el homicida tendrá que enfrentarse a un juicio.»
Pero yo les digo: Si uno se enoja con su hermano, es cosa que merece
juicio. El que ha insultado a su hermano, merece ser llevado ante el
Tribunal Supremo; si lo ha tratado de renegado de la fe,
merece ser arrojado al fuego del infierno." Mateo 5, 21-22

Adúltero es también quien mira con malos deseos:
Ustedes han oído que se dijo: «No cometerás adulterio.» Pero yo les
digo: Quien mira a una mujer con malos deseos, ya cometió adulterio
con ella en su corazón." Mateo 5, 27-28

Adúltero es también quien se case con una persona divorciada:
"El hombre que se case con la mujer divorciada,
cometerá adulterio." Mateo 5, 32b

No juren:
"Ustedes han oído lo que se dijo a sus antepasados: «No jurarás en
falso, y cumplirás lo que has jurado al Señor.» Pero yo les digo:
¡No juren! No juren por el cielo, porque es el trono de Dios;
ni por la tierra, que es la tarima de sus pies; ni por Jerusalén, porque
es la ciudad del Gran Rey. Tampoco jures por tu propia cabeza,
pues no puedes hacer blanco o negro ni uno solo de tus cabellos.
Digan sí cuando es sí, y no cuando es no; cualquier otra cosa
que se le añada, viene del demonio." Mateo 5, 33-37

No resistan al malvado:

"Ustedes han oído que se dijo: «Ojo por ojo y diente por diente.» Pero yo les digo: No resistan al malvado. Antes bien, si alguien te golpea en la mejilla derecha, ofrécele también la otra. Si alguien te hace un pleito por la camisa, entrégale también el manto. Si alguien te obliga a llevarle la carga, llévasela el doble más lejos. Da al que te pida, y al que espera de ti algo prestado, no le vuelvas la espalda."
Mateo 5, 38-42

Amen a sus enemigos y recen por sus perseguidores:

"Ustedes han oído que se dijo: «Amarás a tu prójimo y no harás amistad con tu enemigo.» Pero yo les digo: Amen a sus enemigos y recen por sus perseguidores, para que así sean hijos de su Padre que está en los Cielos." Mateo 5, 43-45

Esta es solo una muestra de Sus exigencias. Como vemos las elevó a un nivel superior y aun así promete dar fruto. Incluso, un fruto llevado hasta las últimas consecuencias pues, *"el que encuentre su vida, la perderá; y el que pierda su vida por mí, la encontrará" (Mateo 10, 39)*, dice el Señor.

Toda la humanidad esperó poder dar frutos de vida, sin saber que para dar los frutos de vida, es necesario morir primero. El culmen de la predicación de Jesús será una llamada que los arrastrará más lejos de lo que han soñado hasta que descubran que ya no se pertenecen a sí mismos. Esa vid que da abundante fruto no será ya un pueblo o una nación. La vid fructífera será una **"Comunión"**. Así comienza el culmen de la predicación de Jesús donde hace esta impresionante revelación:

"Yo soy la vid verdadera y mi Padre es el labrador. Toda rama que no da fruto en mí, la corta. Y toda rama que da fruto, la limpia para que dé más fruto. Ustedes ya están limpios gracias a la palabra que les he anunciado, pero permanezcan en mí como yo en ustedes. Una rama no puede producir fruto por sí misma si no permanece unida a la vid; tampoco ustedes pueden producir fruto si no permanecen en mí. Yo soy la vid y ustedes las ramas. El que permanece en mí y yo en él, ése da mucho fruto, pero sin mí, no pueden hacer nada." Juan 15, 1-5

Aquí está el culmen de la predicación de Jesús. Aquí Nos revela cómo alcanzaremos nuestro máximo potencial para fructificar y nos dirá que si no producimos fruto en Él, somos una rama inútil porque la madera de la rama de la vid no sirve para más nada que dar fruto. No se puede construir una casa con maderas de ramas de vid. Por eso dice el Señor que, *"El que no permanece en mí lo tiran y se seca; como a las ramas, que las amontonan, se echan al fuego y se queman." (Juan 15, 6)*. Dios nos enseña que todo creyente da frutos solo cuando permanece unido a Cristo.

El fruto en Juan 15 no son buenas obras

Ahora bien, ¿a qué tipo de fruto el Señor se refiere? ¿Cuál es la clase de fruto que debe producirse en la vida de un verdadero creyente? Jesús no nos especifica el tipo de fruto al que se refiere en esta comparación. Sin embargo, hay al menos ocho pistas en el texto que nos ayudan a definir este fruto. En adición me parece conveniente citar por lo menos un pasaje adicional de la escritura que haga referencia.

1. **El fruto se produce en distintos grados:**
   a. *"...toda rama que da fruto, la limpia para que dé más fruto." Juan 15, 2*
   b. *"La semilla que cayó en tierra buena, es aquel que oye la Palabra y la comprende. Este ciertamente dará fruto y producirá cien, sesenta o treinta veces más." Mateo 13, 23*
2. **El fruto sólo se produce al permanecer en Jesús:**
   a. *"permanezcan en mí como yo en ustedes. Una rama no puede producir fruto por sí misma si no permanece unida a la vid; tampoco ustedes pueden producir fruto si no permanecen en mí." Juan 15, 4*
   b. *"Si alguien dice: «Yo permanezco en él», debe portarse como él se portó." 1º Juan, 2, 6*
3. **El fruto es una consecuencia de permanecer en Jesús:**
   a. *"El que permanece en mí y yo en él, ése da mucho fruto." Juan 15, 5*
   b. *"... les pedía que se arrepintieran y se convirtieran a Dios, mostrando en adelante los frutos de una verdadera conversión." Hechos 26, 20*
4. **El fruto enaltece al Padre:**
   a. *"Mi Padre es glorificado cuando ustedes producen abundantes frutos." Juan 15, 8*
   b. *"Si alguno habla, que sean palabras de Dios; si cumple algún ministerio, hágalo con el poder de Dios, para que Dios sea glorificado en todo por Cristo Jesús." 1º Pedro 4, 11*

5. **El fruto es un signo de autenticidad:**
   a. *"...entonces pasan a ser discípulos míos." Juan 15, 8*
   b. *"En esto reconocerán todos que son mis discípulos, en que se amen unos a otros.»" Juan, 13 35*
6. **El fruto se produce al obedecer los mandamientos de Jesús:**
   a. *"Si cumplen mis mandamientos, permanecerán en mi amor." Juan 15, 10*
   b. *"Amar a Dios es guardar sus mandatos, y sus mandatos no son pesados." 1º Juan 5, 3*
7. **El fruto se produce al amar al prójimo:**
   a. *"Este es mi mandamiento: que se amen unos a otros como yo los he amado." Juan 15, 12*
   b. *"Queridos míos, amémonos unos a otros, porque el amor viene de Dios. Todo el que ama ha nacido de Dios y conoce a Dios." 1º Juan 4, 7*
8. **El fruto es la razón por la que Jesús preparó a los apóstoles:**
   a. *"Ustedes no me eligieron a mí; he sido yo quien los eligió a ustedes y los preparé para que vayan y den fruto, y ese fruto permanezca." Juan 15, 16*
   b. *"Salió Ananías, entró en la casa y le impuso las manos diciendo: «Hermano Saulo, el Señor Jesús que se te apareció en el camino por donde venías, me ha enviado para que recobres la vista y quedes lleno del Espíritu Santo.»" Hechos 9, 17*

Al unir estas características tenemos una idea más clara acerca del fruto al cual el Señor se refiere. A simple vista parece ser que el fruto es la suma de obras buenas al usar nuestra voluntad para pretender amar a Dios sobre todas las cosas y al prójimo como a nosotros mismos. Así pensaba el pueblo de Israel, pues conocían muy bien la Sagrada Escritura como veremos a continuación:

"Ama a Yavé, escucha su voz, uniéndote a él, para que vivas y se prolonguen tus días, mientras habites en la tierra que Yavé juró dar a tus padres, Abrahám, Isaac y Jacob." Deuteronomio 30, 20

"No te vengarás ni guardarás rencor contra tus paisanos, sino que más bien amarás a tu prójimo como a ti mismo, pues Yo soy Yavé." Levítico 19, 18

Como vemos, Israel conocía la escritura pero aun así no daba frutos dulces, sino amargos. Es cierto que el fruto es algo que se tiene que evidenciar con obras puesto que se produce al obedecer los mandamientos de Jesús y al amar a otros como Jesús nos ha amado. Con esto Jesús establece que no le podemos seguir con hipocresías ya que estaremos expuestos a que en el último día nos diga: *"Conozco tus obras: no eres ni frío ni caliente. ¡Ojalá fueras frío o caliente! Pero porque eres tibio y no frío o caliente, voy a vomitarte de mi boca" (Apocalipsis 3, 15-16).* Mas no es suficiente con tratar de evidenciar el amor a Dios y al prójimo. No lo fue para Israel y mucho menos lo será para nosotros.

Entonces, ¿de qué depende el fruto?

En esta magistral enseñanza, Cristo resume que la vid no puede producir el fruto sin el consentimiento de la rama porque violenta su libre albedrío y la rama no puede producir fruto por sí sola porque en su naturaleza caída es incapaz de lograrlo. Qué bien caen aquí, aquellas palabras del Obispo de Hipona [San Agustín], que suenan como un dulce canto a la libertad: *"Dios, que te creó sin ti, no te salvará sin ti"*, porque tenemos la posibilidad de aceptar o rechazar vivir injertados en Cristo. Entonces, ¿qué es el fruto?

El fruto supone una colaboración

El fruto supone una colaboración entre Dios derramando Su vida en nosotros y nosotros actuando según Su parecer. El mismo Dios que conoce nuestra inclinación al mal interviene con la solución. Lo hace dándonos el gusto de alabarle y adorarle impulsándonos desde el interior. Así mismo:

En oposición a la inclinación al mal
Dios nos regala el gusto de alabarle y adorarle

Dios sabe que muertos por el pecado vamos perdiendo el gusto por alabarle y adorarle. Mientras más pecado cometemos más nos alejamos de Su mandamiento supremo de amarle sobre todas las cosas. Por eso, parte de la solución que revela Cristo se encuentra en alabarle y adorarle a Él. La alabanza y la adoración a Él nos abren a que Él mismo nos transforme. Alabar y adorar a Dios, incluso en una situación difícil, significa que aceptamos lo que ocurre como parte del plan que Él tiene para nosotros.

Pero hay un problema. La naturaleza caída del hombre no le permite darle esa alabanza y adoración a Dios, que el hombre necesita para fructificar. Por lo menos no de la manera en que Dios requiere. Jesús nos revela que la alabanza y adoración no puede ser igual a la de la vid antigua, el pueblo de Israel. Para dar fruto, el nuevo culto será ser injertados en la nueva vid, la vid verdadera que es Jesús. Entonces, será en el Espíritu Santo y con la comprensión del mensaje verdadero revelado por Cristo, la verdad; porque, *"llega la hora (ya estamos en ella) en que los adoradores verdaderos adorarán al Padre en espíritu y en verdad, porque así quiere el Padre que sean los que le adoren. Dios es espíritu, y los que adoran, deben adorar en espíritu y verdad.»" (Juan 4, 23-24)*. Es decir, para fructificar necesitamos adorar a Dios desde algo que va más allá de nuestra voluntad. El Padre, que es espíritu, quiere que se haga en el Espíritu y para esto se necesita pagar en su totalidad la deuda por todos los pecados cometidos y es tan inmensa que nadie tiene como pagarla. Ante los ojos de Dios, todos hemos cometido muchas ofensas gravísimas que nos merecen la pena de muerte eterna.

¿Cómo puede pagar el ser humano una deuda impagable?
¿Cómo puede alabar y adorar a Dios
si no tiene cómo hacerlo en Espíritu y en verdad?
¿Cómo puede finalmente fructificar?

Ahora tiene sentido el por qué Jesús se ofreció a padecer una terrible y dolorosa muerte luego de proclamar que Él es la vid verdadera. Él mismo lo anunció al decir: *"En verdad les digo: Si el grano de trigo no cae en tierra y muere, queda solo; pero si muere, da mucho fruto" (Juan 12, 24)*. Dios mismo se encarnó para ofrecerse a pagar esa gran deuda que nosotros jamás podremos pagar. Así manifestó el gran amor que nos tiene, *"no es que nosotros hayamos amado a Dios, sino que él nos amó primero y envió a su Hijo como víctima por nuestros pecados" (1º Juan 4, 10)*. Además, *"El es la víctima por nuestros pecados, y no sólo por los nuestros, sino por los del mundo entero" (1º Juan 2, 2)*.

Una vez pagada la deuda somos liberados de la culpa del pecado. Es decir, Cristo murió por nosotros pagando la deuda que nos merecía nuestro pecado para que nosotros obtuviéramos lo necesario para fructificar. Es cierto que fuimos culpables de nuestros pecados, pero por la pasión y muerte de Cristo nos fue merecido el que Dios ya no nos tenga como culpables y merecedores de castigo, sino como justos ante Él. En efecto, *"El Evangelio manifiesta cómo Dios nos hace justos, es decir, nos reforma por medio de la fe y para la vida de fe, como dice la Escritura: El que es justo por la fe vivirá. Desde el cielo nos amenaza la indignación de Dios por todas las maldades e injusticias de aquellos que sofocan la verdad con el mal" (Romanos 1, 17-18).* Mas por el sacrificio de Cristo es serenada la indignación de Dios ya que, *"todos son reformados y hechos justos gratuitamente y por pura bondad, mediante la redención realizada en Cristo Jesús" (Romanos 3, 24).*

> **"La justificación nos fue merecida por la pasión de Cristo, que se ofreció en la cruz como hostia viva, santa y agradable a Dios y cuya sangre vino a ser instrumento de propiciación por los pecados de todos los hombres." CIC #1992a**

Ahora bien, ¿cómo se nos concede esta justificación para que tengamos lo necesario para fructificar? El catecismo nos da la respuesta: *"La justificación es concedida por el Bautismo, sacramento de la fe. Nos asemeja a la justicia de Dios que nos hace interiormente justos por el poder de su misericordia. Tiene por fin la gloria de Dios y de Cristo, y el don de la vida eterna (cf Concilio de Trento: DS 1529)" (CIC #1992b).*

La justificación se nos otorga a través del Sacramento del Bautismo y luego mediante el Sacramento de la Reconciliación y la Unción.

La justificación hace posible la fructificación

Esta justificación establece lo primero que le faltó al pueblo de Israel para fructificar. Al pueblo de Israel le faltaba la vida de Dios para cumplir con Su querer y llegar a fructificar en su máximo potencial. Ahora todo eso cambia, pues Jesucristo, con su pasión, muerte y resurrección, es el puente entre Dios Padre y nosotros. Cristo paga la deuda derramando su sangre preciosa y somos considerados justos ante Dios para recibir Su increíble vida. De esta manera podemos colaborar con nuestra libre voluntad, la cual expresamos así:

1. Mediante la Fe en la Palabra de Dios.
2. Mediante la cooperación de la caridad.

El catecismo lo expresa así: *"La justificación establece la **colaboración** entre la gracia de Dios y la libertad del hombre. Por parte del hombre se expresa en el asentimiento de la fe a la Palabra de Dios que lo invita a la conversión, y en la cooperación de la caridad al impulso del Espíritu Santo que lo previene y lo custodia: «Cuando Dios toca el corazón del hombre mediante la iluminación del Espíritu Santo, el hombre no está sin hacer nada en absoluto al recibir aquella inspiración, puesto que puede también rechazarla; y, sin embargo, sin la gracia de Dios, tampoco puede dirigirse, por su voluntad libre, hacia la justicia delante de Él» [Concilio de Trento: DS 1525)." (CIC #1993)*

El secreto para fructificar, la libre cooperación

Recordemos que, *"Por la fe, pues, hemos sido reordenados, y estamos en paz con Dios, por medio de Jesucristo, nuestro Señor"* (Romanos 5, 1). A este reordenamiento llamamos la justificación, y por ella recibimos la misma vida sobrenatural de Dios. San Pablo lo llama un estado de gracia:

> **"Por él hemos tenido acceso a un estado de gracia e incluso hacemos alarde de esperar la misma Gloria de Dios." Romanos 5, 2**

Ahora bien, nosotros podemos rechazar la vida sobrenatural de Dios o acogerla. Pero, si queremos fructificar, necesitamos acogerla. La personal y libre cooperación con la gracia del Espíritu es el secreto para fructificar.

Esta gracia no se trata de un comportamiento aceptado ante Dios donde por nuestro esfuerzo encontramos gracia ante Él ni tampoco como en el Viejo Testamento: *"Si hemos **hallado gracia** a tus ojos, que se nos dé esta tierra a tus siervos en propiedad; no nos hagas pasar el Jordán"* (Números 32, 5). Tampoco se refiere a algo que se gane como le sucedió a José que, **"le cayó en gracia** a su amo, quien lo retuvo junto a él, lo hizo mayordomo de su casa y le confió todo cuanto tenía" (Génesis 39, 4). El sentido del don de la gracia lo revela Dios con la llegada de Jesús.

La iniciativa de Dios en darnos este auxilio es lo que hace posible para nosotros fructificar como Él mismo espera que fructifiquemos. Decimos que la gracia del Espíritu es un regalo totalmente inmerecido porque, *"depende enteramente de la iniciativa gratuita de Dios, porque sólo Él puede revelarse y darse a sí mismo. (CIC #1998a)*. Esta gracia no es otra cosa que el Reino de Dios anunciado por Jesucristo pues:

> **"Del mismo modo que el pecado estableció su reinado de muerte, así también debía reinar la gracia y, después de restablecernos en la amistad con Dios, nos llevará a la vida eterna por medio de Cristo Jesús, nuestro Señor." Romanos 5, 21**

También el Catecismo nos dice que, *"Sobrepasa las capacidades de la inteligencia y las fuerzas de la voluntad humana, como las de toda creatura (cf 1 Co 2, 7-9)"* (CIC #1998b). Esto quiere decir que la gracia trasciende la capacidad de nuestra inteligencia, y nunca podremos conocerla y expresarla de manera absoluta en esta vida. La perfección del ser humano, está muy por debajo de la perfección infinita de Dios. Jamás podríamos ni imaginarla. Es como pedirle a un mosquito que imagine la perfección del ser humano.

De igual forma la grandeza de la gracia escapa a nuestros parámetros. No podemos medirla ni clasificarla con precisión. Su infinita perfección y eternidad son tan sublimes que no nos caben en la cabeza. La gracia es la Vida Divina de un ser con infinitas perfecciones. Hablamos de la posibilidad de acortar la infinita distancia que existe entre la Vida Divina que preexiste desde toda la eternidad y nosotros. Por primera vez en la historia de la humanidad es posible una **"comunión íntima"** entre el Creador y la criatura. La grandeza de Esta relación encuentra su expresión máxima en la Cena del Señor, en la que los cristianos participamos realmente de la carne y la sangre de Cristo.

¿Te parece esto increíble? No fue suficiente el crearnos superiores al resto de la creación por tener razón y espíritu. No fue suficiente el darnos ese derroche de belleza y poderío en millones de galaxias para sustentar nuestra vida. Mucho menos no fue suficiente la predicación de la doctrina más bella que pudiéramos pensar, o el ejemplo insuperable de la mejor manera de vivir, o el derramar Su sangre para conseguirnos el perdón de nuestros pecados. Nada de eso parece ser suficiente puesto que ahora quiere darnos, totalmente gratuito, el máximo regalo que su divinidad puede darnos, **la gracia.**

El regalo de la gracia no solo es sorprendente sino que la gracia, *"es necesaria para suscitar y sostener nuestra **colaboración** a la justificación mediante la fe y a la santificación mediante la caridad. Dios completa en nosotros lo que Él mismo comenzó, "porque él, por su acción, comienza haciendo que nosotros queramos; y termina cooperando con nuestra voluntad ya convertida" (CIC #2001).* Sin la gracia del Espíritu nuestros esfuerzos son fallidos puesto que nuestras propias fuerzas no son suficientes para dar la clase de fruto que espera de nosotros. Él espera que ese fruto, para ser verdadero fruto, lo demos en Él.

Podemos decir, con toda propiedad, que la Gracia de Dios no es otra cosa que la inhabitación del Espíritu Santo en nosotros. Bien lo dijo Jesús: *"Jesús le respondió: «Si alguno me ama, guardará mi Palabra, y mi Padre le amará, y vendremos a él, y haremos morada en él. El que no me ama no guarda mis palabras. Y la palabra que escucháis no es mía, sino del Padre que me ha enviado. Os he dicho estas cosas estando entre vosotros. Pero el Paráclito, el Espíritu Santo, que el Padre enviará en mi nombre, os lo enseñará todo y os recordará todo lo que yo os he dicho" (Juan, 14, 23-26).* Propiamente se llama "inhabitación" al misterio por el cual Dios habita en el corazón de la persona que está en gracia; es decir, sin pecado mortal. Por acción del Espíritu Santo Dios mora en el alma de todos los que están limpios del pecado y espera su libre cooperación para alcanzar una vida plena como hace referencia el Apóstol al decir: *"Cuando éramos enemigos, fuimos reconciliados con él por la muerte de su Hijo; con mucha más razón ahora su vida será nuestra plenitud"* (Romanos 5, 10). Ahora podemos entender el por qué el propósito de la Ley Mosaica no era su cumplimiento. San Agustín lo resume de forma magistral al decir:

La Ley ha sido dada para que se implore la gracia;
la gracia ha sido dada para que se observe la ley.

¿Qué es lo primero que obra la gracia del Espíritu en nosotros para la fructificación?

El catecismo señala que lo primero que hace la gracia en nosotros es lograr la conversión. Por nuestras fuerzas es imposible ajustar nuestra vida a Dios. Mas es posible cuando usamos nuestra libre voluntad para cooperar con Su gracia. Jesús mismo nos lo recuerda cuando proclama: *"Lo que es imposible para los hombres es posible para Dios"* (Lucas 18, 27). Además, en el numeral 1989 leemos que:

"La primera obra de la gracia del Espíritu Santo es la conversión, que obra la justificación según el anuncio de Jesús al comienzo del Evangelio: "Convertíos porque el Reino de los cielos está cerca" (Mt 4, 17). Movido por la gracia, el hombre se vuelve a Dios y se aparta del pecado, acogiendo así el perdón y la justicia de lo alto.
"La justificación no es solo remisión de los pecados, sino también santificación y renovación del interior del hombre" (Concilio de Trento: DS 1528)." CIC #1989

A partir de esta **"conversión del corazón"** es que, *"la gracia del Espíritu Santo tiene el poder de **santificarnos**, es decir, de lavarnos de nuestros pecados y comunicarnos "la justicia de Dios por la fe en Jesucristo" (Rm 3, 22) y por el Bautismo (cf Rm 6, 3-4)"* (CIC 1987). En esa santificación recibimos el gusto por alabarle y adorarle. Recordemos, que a mayor pecado, mas nos alejamos de Su mandamiento supremo de amarle sobre todas las cosas. Siendo este Su mandamiento, la alabanza nos traerá muchos beneficios porque es el medio más claro y directo para proclamar nuestra dependencia a Cristo. Por ellas reafirmamos nuestra confianza, aun en los problemas más pesados. Cuando alabamos y adoramos a Cristo, confesamos nuestra fidelidad y deseo de permanecer en Su amor.

Beneficios de alabar y adorar a Dios

1. **Nos hace humildes:** Cuando alabamos a Dios nos colocamos en la medida correcta frente a Dios. No somos nosotros los grandes sino los pequeños que reconocen Su majestad.

2. **Revela nuestra devoción a Dios:** Reconocer los atributos de Dios es amarlo. Al alabarlo estoy honrando su presencia mientras muestro un sentimiento de profundo respeto y admiración.

3. **Aumenta nuestro gozo:** Cuando nos inspiramos por la dignidad de Dios se produce una alegría propia de esta inspiración. Por eso nos trae gozo cuando nos sentimos deprimidos o desanimados.

4. **Eleva nuestra fe:** Nuestros problemas se ven más pequeños cuando reflexionamos en la grandeza de nuestro Dios. Las preocupaciones, los temores y las dudas no pueden sobrevivir por mucho tiempo en una atmósfera de alabanza.

5. **Nos motiva a fructificar:** Al concentramos en lo increíble que Dios es, le quitamos importancia a los obstáculos que nos impiden dar fruto. Por consiguiente nos sentimos con más deseos de dar fruto puesto que no vemos la tarea tan difícil.

¿Qué es lo segundo que obra la gracia del Espíritu en nosotros para la fructificación?

El Catecismo nos señala una segunda cosa que hace la vida bienaventurada de Dios en nosotros para que lleguemos a dar ese fruto en abundancia que tanto necesitamos:

> *"La gracia de Cristo es el don gratuito que Dios nos hace de su vida infundida por el Espíritu Santo en nuestra alma para sanarla del pecado y santificarla: es la gracia santificante o divinizadora, recibida en el Bautismo. Es en nosotros la fuente de la obra de santificación (cf Jn 4, 14; 7, 38-39): «Por tanto, el que está en Cristo es una nueva creación; pasó lo viejo, todo es nuevo. Y todo proviene de Dios, que nos reconcilió consigo por Cristo» (2 Co 5, 17-18)."*
> *CIC #1999*

Por lo tanto, esta segunda obra de la gracia en nosotros es la **santificación constante** de nuestra vida. Es decir, la santificación es el fruto al que Cristo se refería en el culmen de Su predicación.

El fruto de permanecer en la vid es la santidad

Este permanecer en Cristo reúne todos los requisitos que Jesús presentó en la parábola de la vid. Si reemplazamos la palabra *"fruto"* por *"santidad"* encontramos lo siguiente:

1. La santidad se produce en distintos grados.
2. La santidad sólo se produce al permanecer en Jesús.
3. La santidad es una consecuencia de permanecer en Jesús.
4. La santidad enaltece al Padre.
5. La santidad es un signo de autenticidad.
6. La santidad se produce al obedecer los mandamientos de Jesús.
7. La santidad se produce al amar al prójimo.
8. La santidad es la razón principal por la cual Jesús preparó a los apóstoles.

Por lo tanto, lo segundo que obra la gracia del Espíritu en nosotros, es la santidad. Dicho por el Papa Francisco resulta así:

"Deja que la gracia de tu Bautismo fructifique en un camino de santidad. Deja que todo esté abierto a Dios y para ello opta por él, elige a Dios una y otra vez. No te desalientes, porque tienes la fuerza del Espíritu Santo para que sea posible, y la santidad, en el fondo, es el fruto del Espíritu Santo en tu vida (cf. Ga 5,22-23)."
Gaudete Et Exultate #15

La santidad es fruto del radical seguimiento de Cristo. Es dar testimonio auténtico al identificarse con el ideal evangélico. La santidad es encarnar el ideal proclamado y vivido por Cristo. Se trata de ser el comentario vivo del Evangelio escrito en todo su radicalismo. Se trata de materializar la raíz de la enseñanza evangélica sin añadiduras.

El núcleo de esta revelación de Dios es el amor. Pues, *"a Dios no lo ha visto nadie jamás, pero si nos amamos unos a otros, Dios está entre nosotros y su amor da todos sus frutos entre nosotros"* (1°Juan 4, 12). Mas las ramas no pueden producir por sí solas ni un solo fruto. Por más que lo intenten no lo lograrán. No pueden producir frutos, no importa cuánto se concentren o cuánto se esfuercen. No pueden producir frutos lo mismo que cualquier otro árbol frutal. Las ramas de manzana no producen manzanas porque es la naturaleza del árbol. Necesita estar unida al árbol. Jesús es la vid y nosotros somos las ramas, que al estar inseparablemente conectadas a Él, produciremos el fruto de la santidad.

Ahora lo que necesitamos conocer es cómo se manifiesta el fruto. Si no conocemos su manifestación es como fijar objetivos en el aire. **Ya sabemos que el verdadero fruto es la santidad.** Por lo tanto, te invito a descubrir lo que ha de ser nuestra meta en ese fruto.

La santidad, dicho de otra manera, es la victoria frente a nuestros adversarios. Por eso vamos a ver ahora en qué consiste ese combate cuyo fin último es la fructificación. Vamos a conocer con exactitud quiénes son y cómo responderles en una sorprendente guía que te cambiará la vida.

Oremos:

Ven, Espíritu Santo,
llena los corazones de tus fieles,
y enciende en ellos el fuego de tu amor.

Versículo Sal 104, 30
℣. Envía tu Espíritu creador.
℟. Y renueva la faz de la tierra.

Oremos.
Oh, Dios, que has iluminado
los corazones de tus hijos
con la luz del Espíritu Santo;
haznos dóciles a sus inspiraciones
para gustar siempre el bien
y gozar de su consuelo.
Por Jesucristo,
nuestro Señor.
Amén.

Tercera parte:

UNA VIDA PLENA

¿Cómo se relaciona nuestro máximo potencial y el fruto del Espíritu?

Objetivo: Crear un medio para que, al cooperar con la gracia del Espíritu, alcancemos nuestro máximo potencial frente a nuestros adversarios y se manifieste la vida plena que anhelamos.

¿Cómo se relaciona nuestro máximo
potencial y el fruto del Espíritu?
San Pablo nos revela nuestro máximo potencial
Ya no tenemos que escoger entre la felicidad y la obediencia
La sorprendente realidad del combate invisible
La increíble parábola que lo tiene todo
El combate espiritual
La primera forma de proceder: Indiferencia
La segunda forma de proceder: Superficialidad
La tercera forma de proceder: Postergación
La cuarta forma de proceder: Diligencia
Fructifica: Una guía que te cambia la vida
Invocación solemne del Espíritu Santo
1° Paso: **Atender** a Su Palabra
2° Paso: **Aplicar** Su Palabra
3° Paso: **Anteponer** Su Palabra
4° Paso: **Actuar** Su Palabra

¿CÓMO SE RELACIONA NUESTRO MÁXIMO POTENCIAL Y EL FRUTO DEL ESPÍRITU?

"El justo crecerá como palmera, se alzará como cedro del Líbano. Los plantados en la casa del Señor darán flores en los patios de nuestro Dios. Aún en la vejez tendrán sus frutos pues aún están verdes y floridos, para anunciar cuán justo es el Señor: Él es mi Roca, en él no existe falla." Salmo 92, 13-16

¡Qué increíble declaración del salmista! El justo, aún en la vejez tendrá fruto. Así que no importa cuántos años tengamos, cuantas batallas hayamos tenido o cuántas desilusiones hayamos experimentado. Nosotros, vamos a fructificar. Vamos a levantarnos en el nombre poderoso de Jesús como palmeras bien floridas y cargadas de un fruto que anuncia al que nos hace justos. Es decir, a Jesucristo el Señor, quién vive y reina por los siglos de los siglos. Es hora de mostrar el fruto por el cual sabrán que somos del Señor.

Bendito sea Dios que nos ha preparado para semejante bendición. Bendito sea Dios que nos ha hecho partícipes de esta realidad que anunció el salmista pero que tuvo que venir Cristo para darle cumplimiento. En efecto, *"en él y por su sangre fuimos rescatados, y se nos dio el perdón de los pecados, fruto de su generosidad inmensa que se derramó sobre nosotros. Ahora nos ha dado a conocer, mediante dones de sabiduría e inteligencia, este proyecto misterioso suyo, fruto de su absoluta complacencia en Cristo" (Efesios 1, 7-9)*. Para el salmista, esta revelación era solo una profecía. Ellos ni se imaginaban cómo habría de ser la hermosa manifestación de esa justificación que los haría realmente justos frente a Dios para luego dar abundantes frutos.

Mas nosotros hemos tenido la dicha de ser participes de esa justificación. Bendito sea Dios. Cristo se ofreció en sacrificio para pagar la inmensa deuda que todos debíamos a causa de tantas desobediencias contra el Creador. Cristo pagó nuestra deuda, de una vez, para siempre y por completo, al derramar Su preciosísima sangre en sacrificio. Desde entonces, por los méritos de Cristo, podemos presentarnos ante el Creador como justos en plena amistad con Él.

Ya el Creador no nos tiene como deudores sino que nos tiene como justos ante Su presencia. Nosotros somos la confirmación de que, *"el justo crecerá como palmera, se alzará como cedro del Líbano" (Salmo 92, 13).* El Creador no nos tiene como justos porque nos lo merezcamos, sino por los méritos de Cristo, quien ha obrado esa justificación para que podamos recibir la vida plena en la que Dios desea que participemos. Así, *"Dios cumplió de esta manera lo que había dicho de antemano por boca de todos los profetas: que su Mesías tendría que padecer" (Hechos 3, 18).*

Esa vida plena o gracia del Espíritu es la vida que la humanidad ha estado buscando durante toda su historia para alcanzar la plenitud para la que fue diseñada porque nunca ha tenido la capacidad de transformarse a sí misma. Mas por Cristo, por fin tiene esa capacidad de transformación cuando coopera con Su gracia.

Cristo es quien con su sacrificio lo hace posible y hoy, principalmente en el santo Bautismo, la Reconciliación y la Unción, la obtenemos gratis por el Espíritu Santo. Ese fue el anuncio del primer papa en el primer Pentecostés cuando todos estaban admirados por la manifestación del Espíritu cuando dijo: *"Arrepiéntanse, y que cada uno de ustedes se haga bautizar en el Nombre de Jesús, el Mesías, para que sus pecados sean perdonados. Entonces recibirán el don del Espíritu Santo" (Hechos 2, 38).* En el Bautismo tuvimos una vida nueva en la gracia pues, *"como ustedes saben, todos nosotros, al ser bautizados en Cristo Jesús, hemos sido sumergidos en su muerte. Por este bautismo en su muerte fuimos sepultados con Cristo, y así como Cristo fue resucitado de entre los muertos por la Gloria del Padre, así también nosotros empezamos una vida nueva." (Romanos, 6 3-4).* Que bendición tan admirable es el tener acceso a la misma vida de Dios y así llenar ese vacío con el que hemos nacido. Aun cuando no sabíamos que la necesitábamos, algo en nuestro interior siempre nos lo ha dicho por medio de la insatisfacción.

Pero, ¿por qué esa vida plena no la vemos manifestada en plenitud luego del Bautismo, la Reconciliación y la Unción? La respuesta es sencilla, porque la vida plena la recibimos en forma de semilla. Como semilla supone un crecimiento hasta alcanzar la plenitud en su totalidad. Al recibirla como semilla, *"permanecen ciertas consecuencias temporales del pecado, como los sufrimientos, la enfermedad, la muerte o las fragilidades inherentes a la vida como las debilidades de carácter, etc., así como una inclinación al pecado que la Tradición llama concupiscencia, o metafóricamente fomespeccati: «La concupiscencia, dejada para el combate, no puede dañar a los que no la consienten y la resisten con coraje por la gracia de Jesucristo. Antes bien "el que legítimamente luchare, será coronado" (2 Tm 2,5)» (Concilio de Trento: DS 1515) (CIC #1264).*

La vida plena de Dios, como semilla, tiene el increíble potencial de transformarnos exponencialmente con nuestra libre cooperación. Al final el resultado será compartido. Mas no obtendremos un mejor yo como algunos afirman. Al final no obtendremos una mejor versión de nosotros mismos. Es decir, Dios no me salvó para que pueda llegar a tener un mejor yo.

Dios me salvó para que sea menos como yo y más como Él

Es imprescindible decir como el Bautista: *"Es necesario que él crezca y que yo disminuya"* (Juan, 3, 26). En la medida en que desaparezcamos y aparezca más Él a través de nosotros, se evidenciará más la vida plena que hemos recibido. Es decir:

Nuestro máximo potencial es la santidad y se evidencia en los frutos del Espíritu Santo.

Siendo que la santidad es nuestro máximo potencial, ¿habrá alguna forma en la cual la pueda medir? ¿Habrá alguna forma en la cual pueda evidenciar mi máximo potencial?

Si nosotros sabemos en específico en qué consiste nuestra potencialidad, ¿será que podemos llevarla al siguiente nivel en cooperación con la gracia? San Pablo, no solo nos revela que es posible, sino que nos revela en específico en qué consiste nuestro máximo potencial.

San Pablo nos revela nuestro máximo potencial

"Lleven una vida digna del Señor y de su total agrado, produciendo frutos en toda clase de buenas obras y creciendo en el conocimiento de Dios."
Colosenses 1, 10

¿Será posible que el mismo Dios quiera que alcancemos nuestro máximo potencial? ¿Será que Él mismo nos alienta para que tengamos una vida en total plenitud? Qué invitación más admirable la del Apóstol al animarnos a producir el fruto de la santidad en toda clase de buenas obras. Lo mejor es que el mismo Dios nos ayuda a lograrlo pues, *"el que nos ha injertado en la Vid verdadera hará que demos "el fruto del Espíritu"* (CIC #736).

El deseo del Creador y la posibilidad real de que podamos dar ese fruto con la ayuda de Su gracia, tira por el suelo la idea de un dios castigador. Es cierto que nuestros pecados mortales tienen una consecuencia inmediata que es la muerte y por tanto merecedores de castigo. Pero también es cierto que, *"Dios quiere superar esos tiempos de ignorancia, y pide a todos los hombres de todo el mundo un cambio total"* (Hechos 17, 30) y si nosotros, *"confesamos nuestros pecados, él, que es fiel y justo, nos perdonará nuestros pecados y nos limpiará de toda maldad"* (1º Juan 1, 9). Por lo tanto, el Creador es revelado por Cristo como un Padre amoroso que quiere que pertenezcamos a Su Hijo para obtener la plenitud que tanto ha soñado en nuestras vidas.

Ya no tenemos que escoger entre la felicidad y la obediencia

Esto quiere decir que ya no tenemos que escoger entre ser felices y obedecerlo a Él. Ya no tenemos que establecer una diferencia entre Dios y mis deseos. Ahora Dios nos quiere elevar a un próximo nivel. Él nos quiere plenos disfrutando de Su propia vida. Ahora Dios nos revela que podemos alcanzar una felicidad mayor y eterna en contraste con la efímera que se nos ha estado ofreciendo. No se trata de escoger entre ser obediente o ser feliz. Se trata de ser feliz al obedecerlo a Él.

La verdadera felicidad
está unida a
la verdadera obediencia

Cristo nos reveló que la total obediencia lleva a la felicidad total. Él mismo vivió la misma obediencia que espera de nosotros. Nos enseña con su ejemplo que, *"siendo de condición divina, no se apegó a su igualdad con Dios, sino que se redujo a nada, tomando la condición de servidor, y se hizo semejante a los hombres. Y encontrándose en la condición humana, se rebajó a sí mismo haciéndose obediente hasta la muerte, y muerte en una cruz. Por eso Dios lo engrandeció y le dio el Nombre que está sobre todo nombre"* (Filipenses 2, 6-9).

Esa obediencia es la misma que Cristo nos pide al mandarnos a que permanezcamos en Su amor. Nuestro permanecer en Cristo no es algo pasivo sino dinámico. Ese permanecer implica que debemos esforzarnos para no separarnos de la Vid para que la savia de Su gracia nos auxilie en todo tiempo.

No solo eso, sino que el dinamismo de ese *"permanecer"* implica crecer en el conocimiento de Cristo. No podemos quedarnos con el conocimiento que tenemos sino que debemos ampliar lo que de Él ya sabemos. Estoy seguro que ese era el deseo de San Pablo cuando nos exhorta a cooperar con la gracia de manera que lleguemos a nuestro máximo potencial. Él llama a este esfuerzo, de cooperar con la gracia, caminar en el Espíritu.

Nuestro máximo potencial lo obtenemos al caminar en el Espíritu

"Por eso les digo: caminen según el espíritu y así no realizarán los deseos de la carne. Pues los deseos de la carne se oponen al espíritu, y los deseos del espíritu se oponen a la carne. Los dos se contraponen, de suerte que ustedes no pueden obrar como quisieran." Gálatas 5, 16-17

El resultado de nuestra dedicación al cooperar con la gracia son los frutos del Espíritu. Es en ellos que radica nuestra máxima potencialidad en esta vida. Los frutos del Espíritu son el reflejo de la increíble Vida bienaventurada que hemos recibido en nuestro santo Bautismo en forma de semilla. Cada uno de ellos evidencia el llamado que Pedro nos hace al decir: *"Arrepiéntanse, y que cada uno de ustedes se haga bautizar en el Nombre de Jesús, el Mesías, para que sus pecados sean perdonados. Entonces recibirán el don del Espíritu Santo"* (Hechos 2, 38).Qué gran don que nos da la inimaginable Vida misma del Creador. Y qué maravilloso saber en qué consiste esa Vida sobrenatural gracias al Apóstol Pablo que quiso asegurarse que sepamos cómo detectar la evidencia del Espíritu Santo en nuestras vidas. A esta evidencia la llama los frutos del Espíritu. Meditemos un momento sobre ellos:

"Mas el fruto del Espíritu es:
caridad, gozo, paz,
paciencia, benignidad, bondad,
longanimidad, mansedumbre, fe,
modestia, continencia, castidad.
Contra tales cosas no hay ley."
Gálatas 5, 22-23, vulg

No hay mayor aspiración para nosotros que la de glorificar a Dios y alcanzar nuestro máximo potencial produciendo el fruto del Espíritu. Ahí radica la vida plena que tanto necesitamos. Para eso fuimos creados, para glorificar a Dios y fructificar. Bendito sea Dios que renueva nuestras mentes a fin de que cambie nuestra manera de vivir y crucifiquemos en nuestra carne el hombre viejo que se dirige a la muerte eterna.

¿Es adecuada la enumeración de los frutos hecha por San Pablo?

Cuando San Pablo habla sobre el resultado de caminar en el Espíritu se ve con claridad que no intenta hacer una lista definitiva de estos resultados. San Pablo no trataba de dar un número exacto de esos frutos, sino de mostrar en qué *"género de cosas"* debemos encontrarlos. Si consideramos los frutos del Espíritu como todos los actos últimos y deleitables de las virtudes y de los dones, su enumeración debería ser muy extensa. Santo Tomás de Aquino está de acuerdo con este número pues dice que, *"el número de doce frutos enumerados por San Pablo está bien dado, y pueden verse indicados en los doce frutos de los que se habla en Ap 22, 2: A un lado y a otro del río había un árbol de vida que daba doce frutos (Suma Teológica, I-II, q. 70, a. 3).*

La Tradición de nuestra Iglesia reconoce doce frutos porque es la enumeración que señala San Pablo en la Carta a los Gálatas que se encuentra en la traducción Vulgata. La Vulgata fue declarada en 1546, durante el Concilio de Trento, como la versión auténtica y oficial de la Biblia para la Iglesia Católica.

> *"Los frutos del Espíritu son perfecciones que forma en nosotros el Espíritu Santo como primicias de la gloria eterna.*
> *La tradición de la Iglesia enumera doce:*
> *"caridad, gozo, paz, paciencia, longanimidad, bondad, benignidad, mansedumbre, fidelidad, modestia, continencia, castidad" (Ga 5,22-23, vulg.)." CIC #1832*

¿Cómo identificamos los frutos del Espíritu?

Primero, los frutos reflejan la identidad del árbol en el que crecen.

Cuantas más peras tenga un peral más certeza tendremos de su identidad. Nosotros tendremos más certeza de que permanecemos más en Su amor en cuánto más variedad de frutos evidenciamos, pues a los que permanecen en Su amor, *"los reconocerán por sus frutos"* (Mateo 7, 16).

Segundo, los frutos serán más visibles.

Mostrar algo que parece un fruto no es suficiente. Cada fruto será cada vez más visible hasta alcanzar su máxima potencialidad. ¿De qué le sirve a una gallina cacarear tanto sino pone más huevos? ¿Sería mejor que no cacareara tanto? Por supuesto que no. Sería mejor que pusiera más huevos. Así mismo nosotros proclamaremos más aquello de: *"Tú tienes fe, pero yo tengo obras. Muéstrame tu fe sin obras, y yo te mostraré mi fe a través de las obras"* (Santiago 2, 18).

Tercero, los frutos beneficiarán más a otros.

¿Acaso los frutos se consumen unos a otros? ¿Acaso los frutos se comen a sí mismos? Por supuesto que no porque los frutos no son para nosotros. En la Carta a Timoteo el Apóstol le exhorta a beneficiar a otros porque Dios, *"quiere que todos los hombres se salven y lleguen al conocimiento de la verdad"* (1º Timoteo 2, 4). Es decir, nuestro máximo potencial es para beneficiar cada vez más y a más personas. Si hay algo que distingue nuestra potencialidad de las obras de la carne es la generosidad oponiéndose al egoísmo.

¿Cómo tomamos más conciencia de cada frutos del Espíritu Santo?

Para tomar más conciencia de nuestra potencialidad es muy acertado evaluarnos en relación a cada fruto. Traer a la memoria cada fruto nos ayuda a verificar qué frutos estamos dando y cuáles no son tan notorios. El fin de examinarnos no es para angustiarnos por la falta de fruto. Si no reconocer, con seriedad y confianza, en qué dirección fijar nuestras próximas acciones. Más adelante te presentaré un Examen de Conciencia desde los frutos del Espíritu.

La sorprendente revelación del combate invisible

La aventura de alcanzar nuestro gran PARA QUÉ nos lleva a darnos cuenta que la oposición no se hace esperar. Tan pronto nos decidimos, a cumplir nuestro gran propósito de glorificar a Dios y fructificar, entramos en un verdadero combate invisible, influyente y constante. El objetivo de nuestros enemigos es alejarnos de toda fructificación que podamos dar en relación con Dios y con nuestro prójimo.

Esta sorprendente revelación nos la mostró Jesús en el mensaje oculto detrás de la explicación de la Parábola del Sembrador. Aunque se conoce comúnmente como *"la parábola del sembrador"*, su énfasis no radica en el sembrador sino en las causas por las cuales la semilla no fructifica. La parábola de por sí encerraba un mensaje oculto a la multitud y que luego Cristo reveló a los Apóstoles. Mas todavía hay más por descubrir.

En ésta parábola descubriremos enemigos específicos que se oponen a la fructificación y una manera de proceder para vencerlos. Al final propongo una guía que se desprende de este conocimiento. Ahí entenderemos más las palabras de Jesús cuando dijo:

"¡Dichosos los ojos de ustedes, que ven!; ¡dichosos los oídos de ustedes, que oyen! Yo se lo digo: muchos profetas y muchas personas santas ansiaron ver lo que ustedes están viendo, y no lo vieron; desearon oír lo que ustedes están oyendo, y no lo oyeron. Escuchen ahora la parábola del sembrador..."
Mateo 13, 16-18

La increíble parábola que lo tiene todo

La importancia de esta parábola radica en múltiples razones. No es casualidad que sea la más famosa de las parábolas pronunciadas por Jesús. A continuación te enumero cinco razones por las cuales esta parábola es de suma importancia e imprescindible para todo cristiano:

Razón # 1: Es una de las pocas parábolas que se encuentra narrada en los tres evangelios sinópticos (Mt 13, Mc 4 y Lc 8).

Razón # 2: Es la única de la que se tiene registro en la que se juntó una gran multitud para escucharla (Mc 4, 1).

Razón # 3: Es la única que comienza con una orden expresa de Jesús de prestarle atención: "Escuchen esto" (Mc 4, 3).

Razón # 4: Es la única parábola que Jesús presenta como esencial para comprender todas las demás (Mc 4, 13).

Razón # 5: A excepción de la parábola del trigo y la cizaña es la única que lleva una explicación explícita de Jesús, como si no hubiera querido que se malinterpretara su significado (Mc 4, 14-20).

Lo primero que ignoraba

"Que si no quieren servir a Yavé, digan hoy mismo a quiénes servirán, si a los dioses que sus padres sirvieron en Mesopotamia, o a los dioses de los amorreos que ocupaban el país en que ahora viven ustedes. Por mi parte, yo y los míos serviremos a Yavé.» Josué 24, 15

Antiguamente pensaba que los males eran en realidad responsabilidad de Dios. Se me hacía fácil culpar a Dios de las desgracias y calamidades que a menudo nos atormentan. Como consecuencia solía decir: *"Ha sido la voluntad de Dios,"* o *"Dios así lo ha dispuesto".*

Luego venía el cuestionamiento: ¿Por qué, después de dos mil años de cristianismo, el mundo no ha fructificado en gran medida? ¿Por qué, después de dos mil años de haber muerto Jesús en la cruz, salvar a la humanidad y mandar al Espíritu Santo, toda la humanidad completa no refleja la civilización del amor prometida? ¿Cómo es posible que el mundo no esté ya definitivamente cristianizado si ya vino Jesús?

A nivel personal, muchos siguen con antiguas debilidades sin superar sus defectos. A nivel familiar muchos, a pesar de la buena voluntad, siguen teniendo discusiones y rencillas que los alejan de una sana convivencia. A nivel social, el crimen, las injusticias, las agresiones, y los robos son el pan de cada día. En fin, directa o indirectamente seguía culpando a Dios de todas las calamidades sin darme cuenta que, *"uno se arruina por su propia estupidez, ¡y luego le echa la culpa a Yavé!"* (Proverbios 19, 3).

No me daba cuenta que le faltaba el respeto a Su bondad infinita. No comprendía que lo malo que nos acontece se debe a que, en nuestra libre voluntad, no hemos elegido arrepentirnos de nuestras faltas por lo que el mensaje de San Pedro sigue resonando hoy, como ayer:

> **"Por ustedes, en primer lugar, Dios ha resucitado a su Siervo,**
> **y lo ha enviado para bendecirles, con tal que cada**
> **uno renuncie a su mala vida."**
> **Hechos 3, 26**

En este sentido, la parábola del sembrador nos da mucha esperanza. A través de ella comprendí que Dios solo siembra cosas buenas en este mundo. No podemos decir que la semilla que Dios sembró es mala y por eso suceden todas las calamidades que vemos en nosotros u otras personas. Para nada, Dios no hizo mal las cosas. Dios no sembró mala semilla en el mundo. Todas las semillas que Dios siembra son buenas. En esta parábola Jesús responde que la responsabilidad no es de la semilla, sino de la tierra en la que ha caído la semilla.

> **"Que los cielos y la tierra escuchen y recuerden lo que acabo de decir;**
> **te puse delante la vida o la muerte, la bendición o la maldición.**
> **Escoge, pues, la vida para que vivas tú y tu descendencia."**
> **Deuteronomio 30, 19**

Lo segundo que ignoraba

Además de comprender que en nuestras manos está la responsabilidad de cosechar bendición o maldición, hay una segunda cosa importante que ignoraba relacionada a la parábola del sembrador. Mas antes vamos a examinar un resumen de la parábola.

El relato es muy sencillo de entender. La parábola comienza con un campesino que sale a sembrar. Allá en Israel, el terreno es muy irregular, de modo que muchas semillas no germinan y por consiguiente no dan fruto. El primer caso que nos presenta es la semilla que cae al borde del camino donde el suelo es duro y es devorada rápido por los pájaros sin oportunidad de crecer ni mucho menos fructificar. En el segundo, la semilla cae sobre las piedras y logra germinar, pero luego se marchita por no tener raíces profundas; y muere por el calor, sin tampoco dar fruto. En el tercer ejemplo, la semilla cae entre espinos y crece por un tiempo más largo, pero los espinos terminan ahogándola y tampoco da fruto. Solo la semilla que se siembra en suelo fértil produce fruto en abundancia.

Aunque esta parábola podemos examinarla, colocándonos como sembradores, quisiera que nos colocáramos como los recipientes de esa semilla. Yo solía pensar que los tipos de suelo eran solo tipos de personas en los que la semilla caía. Ese nivel de comprensión es excelente. Más que equivocado estaba al pensar que ese era el único nivel de entendimiento que se puede aprender.

Considera por un momento este nuevo nivel de entendimiento:

- El mismo Jesús le diría luego al joven rico que bueno solo es Dios (Mt 19, 17). Si no somos buenos, ¿podríamos clasificarnos en el aparente grupo del terreno fértil?
- Dios, *"quiere que todos los hombres se salven y lleguen al conocimiento de la verdad"* (1° Tim 2, 4). Si fuéramos 100% buenos, ¿ocuparíamos salvación? ¿Encajaremos en el grupo de tierra buena?
- Jesús también dijo: *"No es la gente sana la que necesita médico, sino los enfermos"* (Mc, 2, 17). ¿Jesús vino por los que somos de tierra dura, pedregosa y entre espinos?

Considerando estos puntos podemos ver lo segundo que ignoraba referente a esta parábola. Yo ignoraba, que los tipos de tierra no son solo la forma en que podemos ser clasificados al escuchar el mensaje.

¿Y si los tipos de tierra no son solo formas
en las que se pueden clasificar personas?

¿Y si también se refiere a maneras de responder
ante enemigos específicos durante toda nuestra vida?

Esto significa que tenemos la posibilidad de responder al mensaje de diferentes maneras y en repetidas ocasiones. No se trata solo de identificar qué tipo de personas podemos ser en algún momento. También, podemos entender que estamos en una lucha constante donde podemos proceder respondiendo de múltiples formas contra múltiples enemigos. Estamos inmersos en un verdadero combate, un combate constante e influyente.

El combate espiritual

"Dios no manda cosas imposibles, sino que, al mandar, te enseña a que hagas cuanto puedes, y a que pidas lo que no puedes". San Agustín

Este combate lo percibimos más cuando nos decidimos a internalizar el mensaje de la infinita grandeza y bondad de Dios. Ahí nos percatamos más de nuestra debilidad y tendencia para realizar el mal, no importando el nivel de santificación personal que hayamos alcanzado. Experimentamos constantemente nuestras repetitivas caídas, nuestra inconstancia en el bien y buenos propósitos. Nos damos cuenta de cuánto cuesta hacer el bien porque lo evidenciamos en nuestro cansancio, nuestra falta de ánimo y nuestro temor. Sin duda estamos inmersos en un verdadero combate espiritual. En esta parábola vemos lo amplio que es este combate que va más allá de una influencia externa. Santa Teresa de Jesús hace alusión de ellos al decir: *"Los que temen, y es razón teman y siempre pidan los libre el Señor de ellos, son unos enemigos que hay traidores, unos demonios que se transfiguran en ángel de luz; vienen disfrazados. Hasta que han hecho mucho daño en el alma, no se dejan conocer, sino que nos andan bebiendo la sangre y acabando las virtudes, y andamos en la misma tentación y no lo entendemos" (Las 7 Moradas de Santa Teresa - Cap. 38, #2).*

Este combate espiritual es contra los siguientes enemigos:

1. **Los pájaros** que arrebatan la semilla significan al Maligno y sus demonios. Satanás hace todo lo posible para robar la simiente del evangelio incluso antes de que pueda germinar.

2. **El Sol** que quema a la semilla que, *"acogen con alegría, pero no tienen raíz; no creen más que por un tiempo y fallan en la hora de la prueba" (Lc 8, 13),* significa la carne o la flaqueza del hombre pecador. *"La aflicción y la persecución"* sólo desafían a la comodidad que tanto apetece la carne.

3. **Los espinos** son, *"las preocupaciones de esta vida, las promesas engañosas de la riqueza y las demás pasiones, y juntas ahogan la Palabra, que no da fruto" (Mc, 4, 19),* significan el mundo que sofoca con sus preocupaciones y el engaño de las riquezas.

Jesucristo al revelarnos este mundo espiritual e invisible en la parábola del sembrador, nos abre los ojos a una realidad que nos afecta mucho más de lo que imaginamos y que se opone a la fructificación que hemos sido llamados. Se trata de un verdadero combate.

Más adelante el apóstol Pablo reafirmará este triple enfrentamiento en el cual tiene lugar la guerra espiritual al decir:

"Ustedes estaban muertos a causa de sus faltas y sus pecados. Con ellos seguían la corriente de este mundo y al soberano que reina entre el cielo y la tierra, el espíritu que ahora está actuando en los corazones rebeldes. De ellos éramos también nosotros, y nos dejamos llevar por las codicias humanas, obedeciendo a los deseos de nuestra naturaleza y consintiendo sus proyectos. E íbamos directamente al castigo, lo mismo que los demás."
Efesios 2, 1-3

Tres combatientes aliados en un mismo combate. **Demonio, mundo y carne** combaten unidos contra el Espíritu en el hombre. Cada uno de ellos lucha a su modo unidos o separados, y no puede ser vencido uno si no son vencidos los otros. Nuestra meta es lograr fructificar lo que implica una renuncia a la vida según la carne, al mundo y a la influencia del demonio.

Antes de comenzar a descubrir en detalle cómo opera este combate espiritual recordemos que lo importante no es cuántas veces nos caemos, sino cuántas veces nos levantamos. La Palabra de Dios a este respecto nos recordará:

"Si el justo cayó siete veces, se levantará otras tantas, mientras que los malvados caerán para seguir en su desgracia."
Proverbios 24, 16

La diferencia entre el que trata de fructificar y el que no, no consiste en que el santo no falle nunca, sino que cuando falla se levanta. Al que todo esto se le hacen puras parábolas, no se arrepiente ni fructifica.

Además, la adversidad no es del todo mala si la miramos como la miró San Claudio de la Colombiere cuando nos dice: *"Los golpes imprevistos no permiten muchas veces que uno aproveche de ellos, a causa del abatimiento y turbación que levantan en el alma; mas tened un poquito de paciencia, y veréis como Dios os dispone a recibir gracias muy grandes precisamente por aquel medio. Sin tales percances tal vez no habrías sido del todo malos, pero tampoco del todo buenos."*

La Primera forma de proceder: <u>Indiferencia</u>

"Cuando uno oye la palabra del Reino y no la interioriza, viene el Maligno y le arrebata lo que fue sembrado en su corazón. Ahí tienen lo que cayó a lo largo del camino." Mateo 13, 19

"Los que están a lo largo del camino son los que han escuchado la palabra, pero después viene el diablo y la arranca de su corazón, pues no quiere que crean y se salven." Lucas 8, 12

"Los que están a lo largo del camino cuando se siembra, son aquellos que escuchan la Palabra, pero en cuanto la reciben, viene Satanás y se lleva la palabra sembrada en ellos." Marcos 4, 15

Nosotros podríamos quedarnos en identificar a las personas que tienen un corazón duro como a los que hace referencia el salmista cuando dice:

"No endurezcan sus corazones como en Meribá, como en el día de Masá en el desierto." Salmos 95, 8

De seguro se nos vienen unos cuantos nombres en la mente. Pero, lo cierto es que si queremos sacarle un beneficio exponencial a esta comparación debemos de intentar incluirnos a nosotros mismos en este tipo de proceder con corazón duro. Seamos sinceros con nosotros mismos, en más de una ocasión podemos identificarnos a nosotros obrando con este proceder como los paganos de los que habla San Pablo al decir: *"Les digo, pues, y con insistencia les advierto en el Señor que no imiten a los paganos, que se mueven por cosas inútiles. Su inteligencia está en tinieblas; la ignorancia en que se quedan, así como su conciencia ciega, los mantienen muy lejos de la vida de Dios" (Efesios 4, 17-18).* No siempre tenemos un corazón fértil para escuchar con atención lo que Dios nos quiere decir. Así que será de mucho provecho si nos abrimos a la posibilidad de que tengamos endurecidas algunas áreas de nuestro corazón, las cuales están en espera de una sanación más profunda.

En este primer ejemplo Jesús nos explica la primera manera en que podemos responder al oír su mensaje. De todas las maneras posibles, de responder a su Palabra, ésta es en la cual el mensaje se internaliza menos. Este proceder Jesús lo compara a un suelo duro donde la Palabra no se puede adherir y queda de manera superficial. Claro está, al no encontrar adhesión en el corazón, al enemigo de las almas se le hace fácil intervenir para eliminar cualquier entendimiento del evangelio que haya sido sembrado en el campo de nuestra vida. Pero, ¿quién es este enemigo?

El primer enemigo: El maligno

El maligno y sus demonios constituyen el primer grupo de adversarios que podemos identificar en la parábola del sembrador. Se trata de un enemigo real al cual no debemos subestimar ya que sus maquinaciones perversas superan nuestra inteligencia, mas la buena noticia es que ya fue vencido por Jesús en la cruz del Calvario.

Su existencia no está en discusión ya que forma parte de las verdades de fe que la Iglesia enseña. Basta con echar un vistazo a la historia conciliar de la Iglesia para notar lo siguiente:

- Concilio de Braga (561): Condenó a quienes se negaban a creer en los demonios como ángeles caídos.
- Concilio Lateranense IV (1215): Afirma que, siendo criaturas del único Dios, ellos no son sustancialmente malos, sino que se convirtieron en tales por una elección personal.
- Concilio de Trento (1545-1563): Recordó que es el demonio quien ha arrastrado al hombre a cometer el pecado y que Dios nos ha liberado del poder de las tinieblas y nos ha trasladado al reino de su Hijo amado, en el cual tenemos la redención, la remisión de los pecados.

Aun cuando el maligno esta dotado de una inteligencia excepcional no tiene un poder infinito. Por supuesto que prolifera y ejerce su dominio en el mundo material, desde el momento en que se le da acceso. Mas es una criatura limitada que jamás podrá penetrar en el espíritu ni en el corazón humano, creados a imagen y semejanza de Dios. Tampoco puede atar la voluntad libre con la que nos ha dotado el Creador. Su influencia está limitada por Dios, quien jamás permitirá que se nos tiente más allá de nuestras fuerzas. Es decir, *"aunque Satán actúe en el mundo por odio contra Dios y su Reino en Jesucristo, y aunque su acción cause graves daños —de naturaleza espiritual e indirectamente incluso de naturaleza física—en cada hombre y en la sociedad, esta acción es permitida por la divina providencia que con fuerza y dulzura dirige la historia del hombre y del mundo. El que Dios permita la actividad diabólica es un gran misterio, pero "nosotros sabemos que en todas las cosas interviene Dios para bien de los que le aman" (Rm 8,28)"* (CIC # 395b).

El maligno es una realidad tan influyente que el mismo Jesús en el evangelio de Juan nos dice: *"No te pido que los saques del mundo, sino que los defiendas del Maligno" (Juan 17, 15)*. En efecto, *"la Escritura atestigua la influencia nefasta de aquel a quien Jesús llama "homicida desde el principio" (Jn 8,44) y que incluso intentó apartarlo de la misión recibida del Padre (cf. Mt 4,1-11). "El Hijo de Dios se manifestó para deshacer las obras del diablo" (1 Jn 3,8). La más grave en consecuencias de estas obras ha sido la seducción mentirosa que ha inducido al hombre a desobedecer a Dios" (CIC #394).*

Comprender quién es y cómo opera nuestro adversario nos ayuda a distinguir la fantasía, creada por la ficción, de lo que es una realidad espiritual con voluntad e influencia.

Parte de la ficción que ha proliferado es que el enemigo se manifiesta en forma de fantasmas. Los fantasmas no son manifestaciones del enemigo. Estas son más bien manifestaciones de personas que están en el purgatorio.

Algunas de sus características recurrentes son:
- No son destructivas en sus señales.
- No agreden físicamente a las personas.
- No atacan las cosas religiosas o sagradas.
- No se involucran en una comunicación o diálogo prolongados.
- Limitan su interacción a una señal de ayuda, y en casos raros, de comunicar la necesidad de corregir un error en particular.

Podríamos decir que sus manifestaciones ocurren como una llamada de atención para que pidamos por ellos. Una forma de evidenciar que no son manifestaciones del enemigo es que las manifestaciones desaparecen cuando se ofrecen Misas por el alma de estos difuntos y se ora ellos.

Otra ficción que ha proliferado es que el enemigo puede poseernos si cometemos muchos pecados. Hay que decir a este respecto que el arma del enemigo es la tentación y es a la tentación a lo que tenemos que estar pendientes. Hay personas en las que se evidencian una multitud de pecados sin presentar ningún indicio de una posesión y personas que no evidencian multitud de pecados, que hasta comulgan, y sí han sufrido una posesión. Por lo tanto, no debemos temer que el enemigo pudiera poseernos ya que los pecados no provocan la posesión. Las causas de estas son otras ya que una cosa es el pecado y otra la posesión.

Lo que sí necesitamos puntualizar es que la especialidad del maligno es todo tipo de mentira y engaño como nos lo revela el Apóstol: *"Ha sido un asesino desde el principio, porque la verdad no está en él, y no se ha mantenido en la verdad. Lo que le ocurre decir es mentira, porque es un mentiroso y padre de toda mentira" (Juan 8, 44).* Como todo buen falsificador es responsable de mezclar la verdad con la mentira para hacerla más aceptable. Él se encarga de hacer que su producto sea lo más parecido al producto original que Dios ha creado de manera que logre engañarnos. Mas nosotros sabemos que, *"no nos estamos enfrentando a fuerzas humanas, sino a los poderes y autoridades que dirigen este mundo y sus fuerzas oscuras, los espíritus y fuerzas malas del mundo de arriba"* (Efesios 6, 12), por lo que sabemos que nuestra lucha es espiritual y muy en específico contra sus tentaciones.

Las tentaciones que provienen del enemigo no las podemos distinguir de las que provienen de nuestra mente. Podemos sospechar que una tentación proviene del maligno si no tiene causa razonable o si es muy intensa, pero en nada se distingue de nuestros pensamientos.

Nuestro objetivo no es distinguir si una tentación proviene del maligno o no, sino el rechazarla sin dialogar con ella.

En su homilía de la Misa matutina celebrada en la capilla de la Casa de Santa Marta, el segundo martes de mayo de 2018, el Santo Padre Francisco reafirmó que no debemos dialogar con el diablo como hizo Eva: *"Se creyó la gran teóloga y cayó"*. Jesús nos da el ejemplo pues en el desierto responde con la Palabra de Dios. Él Expulsa a los demonios, algunas veces les pregunta el nombre, pero no mantiene un diálogo con ellos. De ahí que el Papa haya exhortado firmemente: *"Con el diablo no se dialoga, porque él nos vence, es más inteligente que nosotros"*.

La tentación nada puede hacernos si la rechazamos, si no dialogamos con ella no produce muerte. Porque desde el momento que dialogamos con ella, desde el momento en que ponderamos los pros y los contras de lo que nos dice, desde el momento en que tomamos en consideración lo que nos propone, desde ese mismo instante nuestra fortaleza se resquebraja y nuestra oposición se debilita.

Tampoco nos toca angustiarnos por sufrir tantas tentaciones porque la tentación es un combate espiritual del que no escaparemos. Nosotros somos soldados de Cristo, y estas luchas son necesarias para nuestro crecimiento.

La influencia del maligno es la clave del por qué a veces no vemos, oímos o entendemos las enseñanzas para luego fructificar. La culpa no es del maligno quien nos tienta. La responsabilidad es nuestra por mostrar indiferencia al escuchar la Palabra de Dios. En palabras de Santiago sería así: *"Pongan por obra lo que dice la Palabra y no se conformen con oírla, pues se engañarían a sí mismos"* (Santiago, 1, 22). La falta de atención refleja áreas de nuestro suelo interno muy endurecidas por no arrepentirnos. Muchas veces por vergüenza, no le damos oportunidad al Señor para que las sane.

Esas áreas endurecidas necesitamos presentarlas al Señor con insistencia en vez de ignorarlas porque sabemos que su influencia no nos dejará interiorizar el mensaje. Si no se las presentamos al Señor nos arriesgamos a usar mecanismos de defensa psicológicos para protegernos. Estos mecanismos los usamos para prevenir que no nos hieran y evadir la realidad. Son principalmente inconscientes y los usamos para defendernos de emociones o pensamientos que producirían ansiedad, sentimientos depresivos o una herida en la autoestima si llegasen a la consciencia.

Algunos de estos mecanismos pueden ser los siguientes:

- **Represión:** Ocurre cuando hacemos caso omiso de algo voluntariamente después de haber tomado consciencia de ello. De esta manera alejamos de la conciencia los recuerdos que nos provocan dolor por su potencial perturbador o para evitar una acción que generaría un sentimiento de culpa o ansiedad, como por ejemplo, agredir a alguien sin que nos esté causando daño.

- **Proyección:** Al sentir incomodidad por algún defecto moral o falta cometida aliviamos nuestro sentido de culpa atribuyendo nuestro mal a otra persona. Al hacer esto sentimos alivio porque atribuimos a otros nuestra debilidad. Por ejemplo, asumimos que son los demás quienes engañan cuando en realidad somos nosotros. También, si enfrentamos algún grado de infelicidad consideramos que los demás también son infelices.

- **Substitución:** Sucede cuando desquitamos nuestro enojo con personas o situaciones que nada tienen que ver con el origen de la contrariedad. De esta manera provocamos dolor a inocentes. Por ejemplo, un hijo no tiene culpa de que a su padre le haya ido mal en su trabajo.

- **Sublimación:** Ocurre cuando encontramos satisfacción de aquellos impulsos que no expresamos por las prohibiciones sociales. Un artista podría sublimar su exhibicionismo o un cirujano podría estar sublimando su agresividad, etc. La sublimación permite expresar impulsos muy fuertes en lugar de luchar contra ellos.

- **Racionalización:** Consiste en aludir a razones que justifican nuestro obrar para eludir la culpa. Bien sea por nuestras acciones negativas o por la incapacidad de hacer algo. Al cometer un error se decide en retrospectiva que no era tan malo y cuando no se consigue algo que se deseaba se decide que en realidad no se deseaba tanto. Esta defensa permite aceptar las cosas con un mínimo de resentimiento encontrando excusas a favor de hacer más tolerables las frustraciones de la vida impidiendo asumir la realidad. Es de esperar que, cuando no se asume la realidad, no se dan pasos a resolver la situación.

- **Fantasía:** Sucede cuando imaginamos una realidad diferente para escapar de frustraciones y limitaciones. Aunque esto puede ser muy motivador al aliviar las frustraciones, nos aísla de la realidad. Esto es perjudicial porque vivimos en un mundo de ensueño que nos impide establecer relaciones de causalidad realistas para alcanzar sus objetivos.

- **Idealización:** Consiste en otorgar un valor o poder especial a una persona de la que se depende emocionalmente y así poder asociarse con alguien omnisciente y omnipotente que resolverá las dificultades de manera definitiva.

- **Regresión:** Cuando niños no teníamos mayor responsabilidad y los adultos nos resolvían los problemas. En este mecanismo, asumimos inconscientes una posición infantil para evitar una situación conflictiva o de mucho esfuerzo. Nuestras reacciones son ridículas, con gritos o con mal humor ante lo que nos desagrada. Ocurre mucho en la vejez y no progresa linealmente sino que fluctúa hacia delante y hacia detrás.

- **Aislamiento:** Consiste en pensar y tomar conciencia de un hecho, pero aislando su significado emocional para que no nos perturbe. Es una manera de *"anestesiar"* los componentes afectivos de una situación. Se puede reconocer la existencia del afecto intelectualmente pero no se siente; el afecto es teóricamente aceptable pero su expresión sigue inhibida.

- **Negación:** Sucede cuando rechazamos que ocurra algo, donde el pleno reconocimiento de lo que sucede sería paralizante. Esta defensa se basa en la convicción de *"Si no lo reconozco, no sucede"*. Es muy común en situaciones de crisis o emergencia.

- **Anulación:** Es un esfuerzo inconsciente donde tratamos de borrar con un comportamiento, la culpa, la vergüenza o alguna emoción dolorosa. Por ejemplo, sin darnos cuenta, podríamos estar tratando excesivamente bien a alguien a fin de anular un sentimiento de culpabilidad.

- **Volver contra sí mismo:** Implica redirigir hacia nosotros las emociones que estaban dirigidas hacia otra persona. En vez de reconocer la impotencia de necesitar a alguien con quien no se puede contar, se vuelve contra nosotros toda la rabia y crítica que produce la situación. Es una forma de castigarnos.
- **Identificación:** Implica imitar características de personas que admiramos, respetamos o que despiertan autoridad. Cuando constantemente replicamos, elementos de la personalidad de otros, jamás nos identificamos con nosotros mismos.
- **Retraimiento:** Consiste en alejarnos de la realidad para refugiarnos dentro de un mundo de fantasías o de sueño. Un bebé angustiado o sobre estimulado puede protegerse buscando dormir. Esta defensa nos permite escapar de la realidad dolorosa sin distorsionarla y, a diferencia de otros mecanismos de defensa primarios, no suele generar malentendidos en la interpretación de la realidad. Sin embargo, nos aleja de hacernos cargo de la realidad.

Sin darnos cuenta, los mismos mecanismos que utilizamos para protegernos y no dejar que otros nos lastimen, nos alejan de la realidad y tampoco dejan entrar la Palabra de Dios en nuestro corazón. Nos cerramos al cariño que Dios desea mostrarnos a través de los demás, mientras pensamos que de esta manera no nos lastimaran otra vez.

Somos nosotros los que nos endurecemos para protegernos

Los golpes y las desilusiones, por más fuertes que sean, no son los responsables de nuestro actuar; sino que nos influencian. El corazón no lo endurece la vida ni el destino por las tragedias que nos ha tocado vivir. No se endurece por las burlas, las faltas de respeto o los múltiples azotes de la indiferencia recibida. Tampoco los que tanto daño nos hacen. Somos nosotros los que endurecemos nuestro corazón al responder con odio, egoísmo, venganza, ira y tantas otras formas de ofender. Mas no tiene que ser siempre así porque Dios nos promete sanación.

"El corazón de este pueblo se ha endurecido. Se han tapado los oídos y cerrado los ojos; tienen miedo de ver con sus ojos y de oír con sus oídos, pues entonces comprenderían y se convertirían, y yo los sanaría." Hechos 28, 27

Por eso, aun cuando hayamos endurecido nuestro corazón en algunas áreas, el Señor no nos deja solos. Todavía espera que nos volvamos a Él para sanarnos más profundamente. Todavía espera una conversión más sincera de nosotros. De hecho el tiene preferencia por los que se consideran endurecidos porque Él mismo dijo: *"No es la gente sana la que necesita médico, sino los enfermos. No he venido a llamar a justos, sino a pecadores"* (Marcos, 2, 17).

Se trata de reconocer que estamos frente a un verdadero combate espiritual. Por eso San Pablo nos exhorta cuando nos dice: *"Lleven con ustedes todas las armas de Dios, para que puedan resistir las maniobras del diablo. Pues no nos estamos enfrentando a fuerzas humanas, sino a los poderes y autoridades que dirigen este mundo y sus fuerzas oscuras, los espíritus y fuerzas malas del mundo de arriba"* (Efesios, 6, 12-12).

Pero, muchas veces mostramos indiferencia a la Palabra de Dios sin darnos cuenta que el enemigo se aprovecha y no deja ni rastro de la misma. Nos mostramos apáticos a ciertas prácticas espirituales sin tan siquiera saber el por qué. Por un lado hemos aprendido defendernos a través de los mecanismos de defensa y por el otro el Maligno se encarga de quitar lo sembrado para que no confiemos en el Señor. Entonces la pregunta ahora es, ¿vamos a seguir apáticos a las inspiraciones del Espíritu Santo? ¿Vamos a seguir desconfiando de la fuerza del Espíritu? ¿Vamos a permitir que el Maligno se lleve todo entendimiento de la Palabra por no poner los medios para meditarla? ¿Vamos a posponer nuestra vida plena utilizando mecanismos que nos apartan de la realidad? Sepamos pues, que Cristo ya venció al maligno.

> *"Puesto que esos hijos son de carne y sangre, Jesús también experimentó esta misma condición y, al morir, le quitó su poder al que reinaba por medio de la muerte, es decir, al diablo. De este modo liberó a los hombres que, por miedo a la muerte, permanecían esclavos en todos los aspectos de su vida." Hebreos 2, 14-15*

Jesús ya venció al maligno en la cruz del Calvario. El maligno nos mantenía cautivos por causa del pecado; pero en la cruz el Señor Jesús pagó por nuestros pecados. Por eso en la última petición del Padre Nuestro le pedimos al Padre, con la Iglesia, que nos libre del mal. Esto significa que le pedimos que manifieste la victoria alcanzada por Cristo, sobre el maligno, el ángel que se opone personalmente a Dios y a su plan de salvación. Nuestro Catecismo lo expresa así:

*"La victoria sobre el "príncipe de este mundo" (Jn 14, 30)
se adquirió de una vez por todas en la hora en que Jesús se
entregó libremente a la muerte para darnos su Vida. Es el juicio
de este y el príncipe de este mundo está "echado abajo" (Jn 12, 31;
Ap 12, 11). "Él se lanza en persecución de la Mujer" (cf Ap 12, 13-16),
pero no consigue alcanzarla: la nueva Eva, "llena de gracia" del
Espíritu Santo es preservada del pecado y de la corrupción de la
muerte (Concepción inmaculada y Asunción de la santísima Madre
de Dios, María, siempre virgen). "Entonces despechado contra la
Mujer, se fue a hacer la guerra al resto de sus hijos" (Ap 12, 17).
Por eso, el Espíritu y la Iglesia oran: "Ven, Señor Jesús"
(Ap 22, 17. 20) ya que su Venida nos librará del
Maligno." CIC #2853*

Allí nos redimió a todos del poder de las tinieblas deshaciendo sus obras perversas como nos dice el Apóstol Juan mientras nos exhorta a no pecar: *"Quien permanece en él no peca; quien peca no lo ha visto ni conocido. Hijitos míos, no se dejen extraviar: el que actúa con toda rectitud es justo como él es justo. En cambio quienes pecan son del Diablo, pues el Diablo peca desde el principio. Para esto se ha manifestado el Hijo de Dios: para deshacer las obras del Diablo. El que ha nacido de Dios no peca, porque permanece en él la semilla de Dios. Y ni siquiera puede pecar, porque ha nacido de Dios"* (1º Juan 3, 6-9). San Pablo también nos recuerda la victoria de Jesús sobre el maligno y cómo quitó los derechos que tenía sobre nosotros: *"Ustedes estaban muertos por sus pecados, y su misma persona no estaba circuncidada, pero Dios los hizo revivir junto a Cristo: ¡nos perdonó todas nuestras faltas! Anuló el comprobante de nuestra deuda, esos mandamientos que nos acusaban; lo clavó en la cruz y lo suprimió. Les quitó su poder a las autoridades del mundo superior, las humilló ante la faz del mundo y las llevó como prisioneros en el cortejo triunfal de su cruz"* (Colosenses 2, 13-15).

La Segunda forma de proceder: Superficialidad

*"La semilla que cayó en terreno pedregoso, es aquel que oye la Palabra y en seguida la recibe con alegría. En él, sin embargo, no hay raíces, y no dura más que una temporada. Apenas sobreviene alguna contrariedad o persecución por causa de la Palabra, inmediatamente se viene abajo."
Mateo 13, 20-21*

"Lo que cayó sobre la roca son los que, al escuchar la palabra, la acogen con alegría, pero no tienen raíz; no creen más que por un tiempo y fallan en la hora de la prueba." Lucas 8, 13

"Otros reciben la palabra como un terreno lleno de piedras. Apenas reciben la palabra, la aceptan con alegría; pero no se arraiga en ellos y no duran más que una temporada; en cuanto sobrevenga alguna prueba o persecución por causa de la Palabra, al momento caen." Marcos 4, 16-17

Primero reflexionamos en las consecuencias de responder a la Palabra de Dios con **"indiferencia"** identificando un primer enemigo, el maligno. Ahora el Señor nos revela otra forma de responder a su Palabra. En esta segunda ocasión nos relata las consecuencias de ser oyentes que responden con **"superficialidad"** al mensaje. Al principio acogemos su Palabra con alegría y comenzamos a ver resultados inmediatos, pues estamos seguros de odiar las cosas que una vez amamos. Su Palabra nos deslumbra y nos llena de esperanza. La encontramos atractiva, buena y hasta útil para nosotros. Casi hasta saltamos del asiento al escuchar el mensaje de salvación con un gozo emocional momentáneo, pero no un arrepentimiento verdadero.

Incluso cuando otros no ven nada en una predicación, a nosotros se nos conmueve el alma y hasta lloramos. Pensamos que tenemos una profunda convicción por medio de una fe casi instantánea que tiene toda la apariencia de ser genuina. Estamos tan convencidos de que la Palabra ha sido de tanta bendición que pensamos que la semilla ha brotado. Pensamos que por fin hemos visto una luz brillante al final del túnel de las adversidades, pues hemos descubierto, aquello que dice:

"Para mis pasos tu palabra es una lámpara,
una luz en mi sendero." Salmos 119, 105

Pero, ¿será duradero?

Al pasar algún tiempo de servir a Dios con toda pasión, lo alcanzado se viene abajo ante la adversidad por falta de raíces profundas y terminamos en la nada. ¿Qué sucedió? La semilla sembrada creció explosivamente pero sin raíces. Solo teníamos una delgada capa de fe, de oración y de compromiso. Por eso la semilla creció rápido y rápido también murió. Una secreta armadura debajo de la carne hace que no se complete ninguna obra, igual que una roca con una fina capa de tierra por encima.

Por fuera aparentemente somos los más suaves y más impresionables de los hombres. Pero en nuestro interior nuestro corazón es sumamente duro. Somos muy susceptibles y tras haber sido expuestos a una pequeña oposición, nos volvemos atrás. Nos vemos como un buen metal, pero al ser colocados en el fuego, somos probados y consumidos en el horno. Aquellos granos sembrados, que tanta alegría nos habían dado, en un instante desaparecen. La gracia parecía abrirse paso en nuestro corazón pero el resultado es solo una esperanza marchita. Pues dice la Palabra que *"apenas salió el sol, los quemó y, por falta de raíces, se secaron" (Mateo 13, 6).* Es decir, cuando brotan los problemas, las tentaciones y las crisis, olvidamos lo aprendido y terminamos actuando contrario a lo que nos habíamos propuesto.

En esta sorprendente revelación el Señor nos urge a tener cuidado de no responder con superficialidad a Su mensaje pues, el *"Sol"* con su ardiente calor quemará lo sembrado. Podríamos solo juzgar a los que hacen esto, pero, ¿qué tal que el Señor nos está avisando lo que nos puede suceder a nosotros? La obra redentora de Cristo no realiza una alegría efímera, sino contrición, arrepentimiento y humildad.

Recibir con alegría su mensaje no es suficiente. Podemos dar saltos y gritos de júbilo celebrando Su poder, mas todo ese baile se puede transformar en lamento cuando el *"Sol"* queme el poco crecimiento que hemos alcanzado. De ahí la importancia de echar raíces antes que se esfume nuestra alegría y profundizar más allá de que esté en armonía con algunas de nuestras creencias acerca de la vida. Se trata de hacer nuestro el mensaje del Reino y grabarlo en nuestro corazón sin conformarnos con entender solo algunas partes. De hecho la inmensa variedad de sectas protestantes han florecido por conformarse solo con las partes del mensaje que están alineados con sus creencias. Contienen una mezcla de verdad y mentira que les impide construir una imagen completa.

Mas nosotros como católicos no estamos exentos de responder con superficialidad a Su mensaje. Para muchos de nosotros es fácil decir que Cristo está de moda como si Jesús fuera un icono de la cultura popular. Lo cierto es que el mensaje de Jesús nunca estará de moda como si fuera algo pasajero porque si lo estuviera no sería un cristianismo auténtico. Los que dicen que Cristo está de moda solo en una temporada son los que más tarde les dará lo mismo cantar en una discoteca que en una iglesia. Les dará lo mismo bailar en público con movimientos eróticos que en una asamblea carismática. Tampoco verán diferencia entre vestir provocativo o en vestir con decoro. Su Cristo es solo algo decorativo, algo así como una calcomanía de colores muy vivos, pero que desmerece y pierde su encanto ante el embate mal tiempo.

El segundo enemigo: La carne

A primera vista parece que la adversidad es el enemigo. Pero, en realidad hace referencia a no tener raíces. Esto denota que el enemigo es interno como sucede con el suelo duro del ejemplo anterior. Pero, este proceder no es con indiferencia sino con superficialidad. Se recibe la Palabra con alegría y permite su crecimiento por un tiempo. Pero, ¿qué cosa interna nos hace actuar con superficialidad? ¿Contra qué combatimos internamente?

En esta parábola no encontramos respuesta. Pero más adelante San Pablo hará referencia al enemigo cuando dice: *"En mí el hombre interior se siente muy de acuerdo con la Ley de Dios, pero advierto en mis miembros otra ley que lucha contra la ley de mi espíritu, y paso a ser esclavo de esa ley del pecado que está en mis miembros. ¡Infeliz de mí! ¿Quién me librará de este cuerpo, o de esta muerte? ¡Gracias sean dadas a Dios, por Jesucristo, nuestro Señor! En resumen: por mi conciencia me someto a la Ley de Dios, mientras que por la carne sirvo a la ley del pecado"* (Romanos 7, 22-25).

¿Qué es la carne?

San Pablo identifica con claridad al enemigo que causa la división en nuestro interior llamándolo *"carne"*. Sin ánimo de dar una única lista el Apóstol de los Gentiles nos da un resumen de estas manifestaciones al decir: *"Es fácil reconocer lo que proviene de la carne: libertad sexual, impurezas y desvergüenzas; culto de los ídolos y magia; odios, ira y violencias; celos, furores, ambiciones, divisiones, sectarismo y envidias; borracheras, orgías y cosas semejantes. Les he dicho, y se lo repito: los que hacen tales cosas no heredarán el Reino de Dios"* (Gálatas 5, 19-21). San Pedro también hará referencia a este enemigo cuando dice: *"los deseos carnales que hacen la guerra al alma"* (1º Pedro 2, 11). San Juan hablará de la *"carne"* también al decir: *"Pues toda la corriente del mundo, -la codicia del hombre carnal, los ojos siempre ávidos, y la arrogancia de los ricos-, nada viene del Padre, sino del mundo"*(1º Juan 2, 16). Todo esto son «las obras de la carne» y tienen en común la debilidad y temporalidad, de los impulsos corporales y físicos, en oposición al poder de la vida y del Espíritu. Es decir:

La carne es una fuerza interior compulsiva
que se expresa en rebelión contra Dios y Su justicia

Esta rebelión busca oscurecer nuestro sentido de Dios, quitarnos el gusto por las cosas espirituales, debilitar nuestro razonamiento y deteriorar la ternura de nuestra conciencia. En el puro sentido natural, la carne es la materia animada, la parte más débil de nuestro cuerpo. En oposición los huesos son la estructura más sólida que tenemos y la sangre sería la parte líquida. ¿Sería por eso que en la escritura se usa para hablar de una debilidad interna contraria al espíritu? Buena pregunta para hacerla en el cielo. Por lo pronto, lo cierto es que la aflicción y la persecución mencionadas en la parábola amenazan la comodidad que tanto apetece la llamada *"carne"*, la cual el Señor no dejará sin castigo.

"Pero el Señor sabe librar de la prueba a sus servidores y reserva a los malos para castigarlos en el día del juicio. En especial esto vale para esa gente que corre tras los peores deseos de su naturaleza y desprecia la majestad del Señor. Son orgullosos y atrevidos, y no tienen miedo de insultar a los espíritus caídos, mientras los ángeles, superiores a ellos en fuerza y en poder, no se permiten ninguna acusación injuriosa en presencia del Señor. Esos hombres son como animales irracionales, que vienen a la vida para ser capturados y muertos. Después de haber injuriado lo que no pueden entender, terminarán como animales y recibirán lo merecido por su maldad. Se sienten felices por gozar placeres pasajeros. Gente sucia y viciosa, que se aprovechan de ustedes y se portan como glotones en sus comidas fraternas. No pueden ver a una mujer sin desearla, no se cansan de pecar y de seducir a las almas poco firmes. Son gente maldita, que tienen el corazón ejercitado en la codicia. Abandonaron el camino recto y tomaron el camino de Balaán, hijo de Bosor, al que le gustaba ganar dinero haciendo el mal. Pero ustedes saben quién lo reprendió por su torpeza: su burra empezó a hablar con voz humana y detuvo al profeta en su locura. Son fuentes sin agua, nubes arrastradas por el huracán, que se convierten en densas tinieblas."
2° Pedro 2, 9-16

¿De dónde proviene la carne?

Dios dirá que todo incluyendo la humanidad lo hizo bueno y perfecto: *"Dios vio que todo cuanto había hecho era muy bueno"* (Génesis 1, 31). Con esto podemos comprender que un Dios bueno sólo puede crear cosas buenas. Incluso, cada parte del hombre fue creada pura. Esto incluye su cuerpo y su espíritu.

"Dijo Dios: «Hagamos al hombre a nuestra imagen y semejanza."
Génesis 1, 26

Pero, cuando los primeros hombres pecaron estos se corrompieron perdiendo la semejanza, no la imagen, convirtiéndose en carne. Pues, *"desfigurado por el pecado y por la muerte, el hombre continua siendo "a imagen de Dios", a imagen del Hijo, pero "privado de la Gloria de Dios" (Rm 3, 23), privado de la "semejanza" (CIC # 705).* Al desobedecer, Adán y Eva perdieron la vida del Espíritu por lo que entró la muerte. Al no tener la semejanza el mal hizo su hogar en sus cuerpos corrompiendo su naturaleza. Una naturaleza que ha sido heredada de generación en generación hasta nosotros. Desde entonces el mal reina en la humanidad como dueño ilegal persuadiéndonos a realizar lo que no le gusta al Espíritu. Es decir:

"Todos los hombres están implicados en el pecado de Adán.
San Pablo lo afirma: "Por la desobediencia de un solo hombre,
todos fueron constituidos pecadores" (Rm 5,19): "Como por un
solo hombre entró el pecado en el mundo y por el pecado la muerte
y así la muerte alcanzó a todos los hombres, por cuanto todos
pecaron..." (Rm 5, 12). A la universalidad del pecado y de la
muerte, el apóstol opone la universalidad de la salvación
en Cristo." CIC #2520a

Antes éramos solo carne

San Pablo explica cómo la carne hace imposible al hombre natural agradar o servir a Dios: *"Cuando no éramos más que «carne», la Ley estimulaba las pasiones propias del pecado, que actuaban en nuestro cuerpo produciendo frutos de muerte. Pero ahora hemos muerto a lo que nos tenía aprisionados, y la Ley ya no vale para nosotros. Ya no estamos sirviendo a una ley escrita, cosa propia del pasado, sino al Espíritu: esto es lo nuevo" (Romanos 7, 5-6).* Como podemos ver el Apóstol no trata de condenar el cuerpo, que con el alma espiritual constituye la naturaleza del hombre; sino que presenta como el mal actúa en el cuerpo produciendo manifestaciones de muerte. Vemos como deja en claro que antes éramos solo carne lo cual implica que todavía, aun luego de ser bautizados, lo continuamos siendo.

La carne pertenece a la herencia del pecado por lo que genera en nuestro interior una lucha entre la parte material y corruptible de nuestro ser, y la parte espiritual y eterna de nosotros. Dios nos ha creado seres libres con una capacidad de elección entre morir siguiendo las apetencias de nuestra carne o recibir la gracia del Espíritu y seguir Sus deseos.

Incluso entre los no bautizados y los que se niegan a creer existe este combate de la carne hasta que Cristo vuelva sin demora. Pues, *"el Señor no se demora en cumplir su promesa, como algunos dicen, sino que es generoso con ustedes, y no quiere que se pierdan algunos, sino que todos lleguen a la conversión" (2° Pedro 3, 9).*

Ahora todavía somos carne, pero también Espíritu

"El Bautismo confiere al que lo recibe la gracia de la purificación de todos los pecados. Pero el bautizado debe seguir luchando contra la concupiscencia de la carne y los apetitos desordenados" CIC #2520a

Ni el Sacramento del Bautismo, la Penitencia o la Unción borran la inclinación al mal. Claro que hemos nacido de nuevo en nuestro espíritu humano con el Espíritu divino de Dios, pero nuestra carne continúa siendo carne. Bien lo dijo Jesús al proclamar que *"lo que nace de la carne es carne, y lo que nace del Espíritu es espíritu" (Juan 3, 6).* Por lo tanto, nuestra carne permanece exactamente igual a antes de recibir los sacramentos, es decir, todavía es pecaminosa y llena de concupiscencias.

> *"En sentido etimológico, la "concupiscencia" puede designar toda forma vehemente de deseo humano. La teología cristiana le ha dado el sentido particular de un movimiento del apetito sensible que contraría la obra de la razón humana." CIC #2515a*

Nuestra carne seguirá siendo carne hasta que Jesús vuelva. No importa cuánto tiempo militemos o cuánto hayamos crecido en el Señor, nuestra carne tendrá sus apetencias hasta que sea transformada. Pues: *"Nosotros tenemos nuestra patria en el cielo, y de allí esperamos al Salvador que tanto anhelamos, Cristo Jesús, el Señor. Pues él cambiará nuestro cuerpo miserable, usando esa fuerza con la que puede someter a Sí el universo, y lo hará semejante a su propio cuerpo del que irradia su gloria" Filipenses 3, 20-21).* También lo señala al decir que, *"aunque ya tengamos el Espíritu como un anticipo de lo que hemos de recibir, gemimos en nuestro interior mientras esperamos nuestros derechos de hijos y la redención de nuestro cuerpo" (Romanos 8, 23).* Nunca podremos hacer morir por completo a la carne y sus apetencias ya que nuestros cuerpos esperan su redención.

A pesar de que los sacramentos no quitan la concupiscencia de la carne, eso no significa que solo debemos esperar y aguantar hasta la segunda venida de Cristo para alcanzar una vida plena. Pues la carne

Fructifica: Una guía para una vida Intencionada, Renovada y Plena

puede ser sometida mediante el poder de la gracia que hemos recibido. En efecto, se trata de seguir la exhortación de la Escritura cuando dice: *"como niños recién nacidos, busquen la leche no adulterada de la Palabra; gracias a ella, crecerán y alcanzarán la plenitud." (1º Pedro 2, 2)*. Se trata de hacer morir las obras de la carne, *"hasta que todos alcancemos la unidad en la fe y el conocimiento del Hijo de Dios y lleguemos a ser el Hombre perfecto, con esa madurez que no es menos que la plenitud de Cristo. Entonces no seremos ya niños a los que mueve cualquier oleaje o viento de doctrina o cualquier invento de personas astutas, expertas en el arte de engañar. Estaremos en la verdad y el amor, e iremos creciendo cada vez más para alcanzar a aquel que es la cabeza, Cristo" (Efesios 4,13-15)*.

En conclusión, no es solo por nuestra fuerza de voluntad sino cooperando con la gracia del Espíritu, que está en nosotros por el Bautismo, es que tendremos la victoria sobre la carne. Así lo afirma el apóstol al decir: *"Pero Cristo está en ustedes, y aunque el cuerpo lleve en sí la muerte a consecuencia del pecado, el espíritu es vida por haber sido santificado. Y si el Espíritu de Aquel que resucitó a Cristo de entre los muertos está en ustedes, el mismo que resucitó a Jesús de entre los muertos dará también vida a sus cuerpos mortales por medio de su Espíritu, que habita en ustedes" (Romanos 8, 10-11)*. El Espíritu que habita en nosotros por el Bautismo es el que dará vida a nuestros cuerpos. ¿De qué manera? El apóstol nos dice: *"Si viven según la carne, necesariamente morirán; más bien den muerte a las obras del cuerpo mediante el espíritu, y vivirán" (Romanos 8, 13)*.

¿Cómo hacemos morir las obras de la carne mediante el espíritu?

Recordemos que la tendencia de la carne es la gratificación pecaminosa en oposición a la tendencia del Espíritu que es la vida plena. De ahí que surja esa confrontación de voluntades, la carnal y la espiritual pues, *"los que viven según la carne van a lo que es de la carne, y los que viven según el Espíritu van a las cosas del espíritu" (Romanos 8, 5)*. Es de esperar que, cuando nos resistimos a la acción salvífica del Espíritu Santo, demos frutos de muerte. Por ello, el Apóstol escribe: *"No le entreguen sus miembros, que vendrían a ser como malas armas al servicio del pecado. (Romanos 6, 3a)*. De igual manera nos exhorta a poner todo nuestro cuerpo al servicio de Dios al decir: *"Por el contrario, ofrézcanse ustedes mismos a Dios, como quienes han vuelto de la muerte a la vida, y que sus miembros sean como armas santas al servicio de Dios" (Romanos 6, 3b)*. Si queremos con éxito hacer morir las obras de la carne por medio del Espíritu, nos toca cooperar con la gracia que hemos recibido para decir como Pablo: *"Por la gracia de Dios soy lo que soy y el favor que me hizo no fue en vano; he trabajado más que todos ellos, aunque no yo, sino la gracia de Dios que está conmigo"* (1º Corintios 15, 10).

Para poner todo nuestro cuerpo al servicio de Dios, en este combate invisible, el Apóstol Pablo nos advierte que es nuestra responsabilidad, no la de Dios, el dejarnos llevar por los apetitos de la carne o dejarnos llevar por los apetitos del Espíritu cuando dice: *"Los que pertenecen a Cristo Jesús han crucificado la carne con sus impulsos y deseos"* (Gálatas 5, 24). Es claro que la expresión *"crucificado"* no es algo que le toca a Dios sino a nosotros. También, cuando dice: *"Caminen según el espíritu y así no realizarán los deseos de la carne. Pues los deseos de la carne se oponen al espíritu, y los deseos del espíritu se oponen a la carne. Los dos se contraponen, de suerte que ustedes no pueden obrar como quisieran* (Gálatas 5, 16-18). Es decir, la respuesta es caminando según el Espíritu Santo de Dios.

¿Qué es caminar según el Espíritu?

Para caminar según el Espíritu nosotros conocemos el camino a seguir, pues en la Escritura encontramos la guía para saber lo que está bien y lo que está mal. Entonces hay un *"querer"* en nosotros que nos motiva a querer hacer el bien tal como Dios nos lo muestra. Pero, ¿por qué no podemos obrar como quisiéramos? ¿Por qué no podemos obrar conforme a lo que Dios nos ha mostrado? ¿Será que estamos imposibilitados como el pueblo de Israel, la antigua vid, que no dio fruto?

Por supuesto que no estamos imposibilitados. Ese *"no poder obrar como quisiéramos"* se refiere a que *"no podemos obrar con libertad como quisiéramos"* porque hay una oposición, la carne. Al querer amar como Cristo nos amó vamos a notar como la carne ejerce una influencia. Siempre ha tenido esa influencia en nosotros solo que no la notamos cuando somos solo carne. Ahora que no somos solo carne y que nuestro querer es agradar a Dios para tener una vida plena todo cambia. Somos más conscientes de los apetitos de la carne. Entonces este *"no poder obrar como quisiéramos"* no se refiere a que vamos a culpar a la carne del obrar nuestro. Sino que no podemos poner por obra los deseos del Espíritu sin encontrar oposición. La pregunta ahora es:

¿Qué es caminar según el Espíritu?

Quizás la respuesta más pertinente, sobre lo que es caminar según el Espíritu para hacer morir las obras de la carne, se encuentra en la Carta a los Gálatas cuando Pablo los confronta al preguntarles:

"Quiero saber de vosotros una sola cosa:
¿recibisteis el Espíritu por las obras de la ley o
por la fe en la predicación?
¿Tan insensatos sois? Comenzando por espíritu,
¿termináis ahora en carne?
¿Habéis pasado en vano por tales experiencias?
¡Pues bien en vano sería! El que os otorga,
pues, el Espíritu y obra milagros entre vosotros,
¿lo hace porque observáis la ley o porque
tenéis fe en la predicación?"
(Gálatas 3, 2-5 Biblia de Jerusalén)

¡Qué increíble revelación nos hace el apóstol de los gentiles! Nosotros podemos recibir el Espíritu por tener fe en la predicación. Mas no basta con recibirlo por tener fe en la predicación o en el Bautismo. Aquí nos revela que Dios obra los milagros cuando tenemos fe en la predicación. Es decir, el arma esencial para hacer morir las obras de la carne, principalmente cuando estamos en estado de gracia, es la fe en la predicación.

Para decirlo de otra forma, para ver la Gloria de Dios en nuestras vidas y derrotar las obras de la carne, necesitamos conectar al Espíritu Santo que está en nosotros con nosotros mismos constantemente. Por supuesto que tenemos en nosotros al Espíritu Santo por el Bautismo en forma de semilla. Pero, necesitamos un hilo constante que logre la conexión entre nosotros y el Espíritu. Ese hilo conector es la espada del Espíritu y nuestra fe. El apóstol pudo haber dicho la fe solamente. Pero, ¿por qué Pablo dice "por tener fe en la predicación" o "por el oír con fe" en lugar de decir simplemente "por fe"? ¿Por qué decirlo así de esa manera? La respuesta es la siguiente:

La Palabra de Dios,
cuando ha sido escuchada y creída,
se vuelve un arma de muerte contra la carne.

El Espíritu Santo obra en nuestras vidas poderosamente haciendo morir al pecado, no solo *"por fe"*, sino por *"oír con fe"*. Es decir, lo que hace que podamos vencer la carne por el Espíritu es nuestra fe en la Palabra que ha sido proclamada. Es como la imagen del enchufe y el conector. Cuando conectamos el enchufe de nuestra fe a la Palabra de Dios, el Espíritu fluye y al fluir hace morir al pecado. Es ahí que miramos con nuevo sentido las palabras de Jesús al preguntar: *"¿No te he dicho que si crees verás la gloria de Dios?"* (Juan 11, 40)

Por ejemplo, una oración constante donde proclamamos la Palabra de Dios es un arma letal contra la carne. Bien podría ser algo así:

- En Juan 16, 33 me dices, *"ánimo, yo he vencido al mundo"*, y hoy decido creerte con todas las fuerzas de mi corazón. No importa cuanta maldad me quieran hacer yo decido mejor confiar en que Tú ya has vencido esa maldad mi Señor. Tú eres quien reinas en mi corazón y obrarás con poder en esta situación. Bendito seas por la victoria que me has conseguido sobre esta situación en la cruz del Calvario pues yo se que valgo tu Sangre Preciosa. Gracias por cumplir aquello que me prometiste en Mateo 28, 20: "Yo estoy con ustedes todos los días hasta el fin de la historia."

- Hoy te digo como el salmista: *"A ti clamo en el día de mi angustia, y tú me responderás"* (Salmo 86, 7). Porque tu siempre estás conmigo. Hoy respondo a tu llamado que resuena en mi interior con esa bellas palabras: *"Vengan a mí los que van cansados, llevando pesadas cargas, y yo los aliviaré"* (Mateo 11, 28). Vengo ante Tí con mi armadura desgastada de tanto luchar. Mi trabajo parece un campo de batalla y me angustia el no saber cómo responder a tantas ofensas. Por mi parte los perdono en tu nombre Jesús y deseo una lluvia de bendiciones para ellos y sus familias. En Tí todo lo puedo que me fortaleces mi Dios *(Filipenses 4, 13)*. Bendito seas por siempre mi Señor.

- Señor mío perdóname por no reconocer que soy súper valioso. Que todo lo que hiciste por mí fue por puro amor inmerecido. Yo renuncio a esa mentira de que no sirvo y que no valgo lo suficiente. Por supuesto que valgo lo suficiente pues me has creado con un propósito eterno. No permitas que se alejen de mi esas bellas palabras que están en Jeremías 31, 3: "Con amor eterno te he amado, por eso prolongaré mi cariño hacia *ti."* Yo acepto de todo corazón todo el cariño que derramas sobre mí. Yo acepto todo ese amor que me transforma y me renueva. Gloria a Tí mi Dios y Salvador. A Tí toda la alabanza por los siglos de los siglos. Amén.

Nuestro espíritu tiene un hambre voraz por el gozo verdadero

"Por la fe Moisés, ya crecido, se negó a ser llamado hijo de una hija del faraón, y quiso compartir, no el goce pasajero del pecado, sino los malos tratos del pueblo de Dios. Se fijó en que Dios retribuiría a cada uno, y consideró que ser humillado con Cristo tenía más valor que todas las riquezas de Egipto. Por la fe abandonó Egipto sin temor al enojo del rey, porque se fijaba en otro enojo, pero invisible." Hebreos 11, 24-27

A la carne le apetece el gozo pasajero que engendra muerte. Mas nuestro espíritu tiene un hambre voraz por el gozo que vivifica. Por eso no se conforma con los *«placeres temporales»*. Nuestro espíritu tiene una intensa hambre de gozo genuino que en verdad sacia en plenitud. Ya lo dijo el salmista al proclamar: *"Me enseñarás la senda de la vida, gozos y plenitud en tu presencia, delicias para siempre a tu derecha"* (Salmo 16, 11).

En la Palabra de Dios encontramos una fuente de gozo imparable que aleja nuestro corazón de los sabores engañosos de la carne. Acompáñame a proclamarla:

1. Escojo mejor tener un corazón puro en vez de lo pasajero de la carne pues Tú me dices: *"Felices los de corazón limpio, porque verán a Dios"* (Mateo, 5, 8).

2. Prefiero pensar en todo lo que es puro a fin de obtener Tu paz al recordar: *"Por lo demás, hermanos, fíjense en todo lo que encuentren de verdadero, noble, justo, limpio; en todo lo que es fraternal y hermoso; en todos los valores morales que merecen alabanza. Pongan en práctica todo lo que han aprendido, recibido y oído de mí, todo lo que me han visto hacer, y el Dios de la paz estará con ustedes"* (Filipenses 4, 8-9).

3. Mejor es sacarme un ojo que caer en la apetencia de la carne pues Tú me dices, *"si tu ojo derecho te está haciendo caer, sácatelo y tíralo lejos; porque más te conviene perder una parte de tu cuerpo y no que todo tu cuerpo sea arrojado al infierno"* (Mateo 5, 29).

4. Prefiero abandonar los deseos carnales que batallan en mí pues la Escritura dice: *"Les ruego que se abstengan de los deseos carnales que hacen la guerra al alma"* (1º Pedro 2, 11).

5. Mejor pongo mi mente en el Espíritu de vida y no en la carne que es muerte. *"Pero no hay sino muerte en lo que ansía la carne, mientras que el espíritu anhela vida y paz."* (Romanos 8, 6)

6. Es mejor renunciar a los placeres de la carne para que así el mismo Cristo elogie mi fe. *"Si el oro debe ser probado pasando por el fuego, y es sólo cosa pasajera, con mayor razón su fe, que vale mucho más. Esta prueba les merecerá alabanza, honor y gloria el día en que se manifieste Cristo Jesús."* (1º Pedro 1, 7)

7. En fin, mejor opto por echar raíces en tu Palabra evitando los placeres carnales para no fallar en la prueba, pues me recuerdas que: *"Lo que cayó sobre la roca son los que, al escuchar la palabra, la acogen con alegría, pero no tienen raíz; no creen más que por un tiempo y fallan en la hora de la prueba"* (Lucas 8,13).

Nosotros estábamos muertos por cada uno de nuestros pecados personales hasta que nos alcanzó la gran misericordia de Cristo. Él se compadeció de nuestra débil naturaleza para que no permitamos ni llevemos a efecto los deseos de la carne. Por eso hoy nos viene tan bien el mensaje de San Pablo a los efesios.

"¡Con qué amor tan inmenso nos amó!
Estábamos muertos por nuestras faltas y nos hizo revivir con Cristo:
¡por pura gracia ustedes han sido salvados!" Efesios 2, 4-5

La Tercera forma de proceder: <u>Postergación</u>

"La semilla que cayó entre cardos, es aquel que oye la Palabra, pero luego las preocupaciones de esta vida y los encantos de las riquezas ahogan esta palabra, y al final no produce fruto." Mateo 13, 22

"Lo que cayó entre espinos son los que han escuchado la palabra, pero las preocupaciones, la riquezas y los placeres de la vida los ahogan con el paso del tiempo y no llegan a madurar." Lucas 8, 14

"Otros la reciben como entre espinos; éstos han escuchado la Palabra, pero luego sobrevienen las preocupaciones de esta vida, las promesas engañosas de la riqueza y las demás pasiones, y juntas ahogan la Palabra, que no da fruto." Marcos 4, 18-19

A manera de resumen, primero el Señor nos presenta las consecuencias de responder a su Palabra con **"indiferencia"** frente al combate contra el maligno. Esta es sin duda la manera en que menos crecimiento espiritual alcanzamos puesto que prestamos un mínimo de interés a Su mensaje. Como resultado de nuestra manera tan dura de responder el enemigo de las almas, a voluntad, termina arrancando la Palabra escuchada.

Segundo, el Señor nos advierte de las consecuencias de responder con **"superficialidad"** frente al combate contra la carne. El crecimiento, ante nuestra respuesta alegre, dura un poco más puesto que mostramos interés y admiración. Pero, al profundizar en el mensaje lo hacemos de manera superficial y los deseos de la carne vencen en nuestro corazón.

Pues bien, ahora nos presenta las consecuencias de la tercera forma de responder, la postergación. Esta forma de responder nos da un crecimiento muy superior que el alcanzado frente a la indiferencia y la superficialidad; aunque no es suficiente. Se trata de escuchar la palabra mostrando interés para luego comenzar a profundizar en su mensaje. Pero luego, la postergamos al no darle la prioridad necesaria en nosotros.

En esta forma de responder, podemos decir, que comenzamos a experimentar el triunfo de ganar múltiples batallas frente al combate contra el maligno y la carne. Nos sentimos confiados por los logros alcanzados mas no prevemos las maquinaciones del tercer adversario y con ingenuidad creemos que basta con aceptar parte del mensaje. Al experimentar algunas victorias, aplicando lo poco que hemos aprendido, nos confiamos pensando que no necesitamos profundizar más. Como resultado no le damos prioridad al mensaje, postergamos su aplicación y nos deja vulnerables a las manifestaciones del tercer enemigo.

El dulce, alcanzado por las primicias del cielo, pasado algún tiempo se torna amargo frente a este enemigo compuesto cuyo objetivo es que jamás pongamos por obra el mensaje de salvación. Sí, nos deja disfrutar de momentos gloriosos donde pareciera que el cielo se toca con la tierra. Nos deja llenarnos de paz y júbilo ante tantos sinsabores de la vida. Nos deja casi hasta flotar de éxtasis en distintos momentos en los que escuchamos canciones hermosas. Pero, a este enemigo no le interesa que demos testimonio de lo aprendido ni que practiquemos lo aprendido.

Este terrible y, a veces, silencioso enemigo está cegado por el primer adversario, el maligno. Por eso, a veces, la humanidad no entiende la Palabra de Dios y se hace de oídos sordos; incluso cuando el mensaje de

Cristo martilla en sus conciencias. Su alegría es pasajera porque en el fondo alberga una gran tristeza. En efecto:

"Es una tristeza individualista que brota del corazón cómodo y avaro, de la búsqueda enfermiza de placeres superficiales, de la conciencia aislada. Cuando la vida interior se clausura en los propios intereses, ya no hay espacio para los demás, ya no entran los pobres, ya no se escucha la voz de Dios, ya no se goza la dulce alegría de su amor, ya no palpita el entusiasmo por hacer el bien. Los creyentes también corren ese riesgo, cierto y permanente. Muchos caen en él y se convierten en seres resentidos, quejosos, sin vida. Ésa no es la opción de una vida digna y plena, ése no es el deseo de Dios para nosotros, ésa no es la vida en el Espíritu que brota del corazón de Cristo resucitado." Evangelii Gaudium #2

De este enemigo incansable, el Apóstol previno a los Corintios al decir: *"Se niegan a creer, porque el dios de este mundo los ha vuelto ciegos de entendimiento y no ven el resplandor del Evangelio glorioso de Cristo, que es imagen de Dios" (2º Corintios 4, 4).* Esa advertencia es también para nosotros ya que el *"dios"* de este mundo continúa cegando a muchos. El conjunto de todas estas personas cegadas de entendimiento y sus sistemas pecaminosos constituyen a este tercer adversario, el mundo.

El tercer enemigo: El Mundo

El tercer enemigo que nos presenta la parábola es la humanidad invadida por el pecado. El mundo pecador se identifica como las personas y el sistema de vida donde vivimos. Todo este conjunto forma un ambiente destructivo existente antes de nosotros nacer. El mismo incluye el tipo de vida, las ideas, voluntades, opiniones, propósitos, creencias, cultura, modismos, y todo lo contemporáneo que heredamos del pecado.

Es decir, el mundo está constituido por toda la influencia pecaminosa que en conjunto ejercemos unos y otros desde que se cometió la primera ofensa de la criatura a su creador. Nuestra Iglesia hace mención de este tercer adversario al decir que, *"una verdadera invasión de pecado inunda el mundo: el fratricidio cometido por Caín en Abel (cf. Gn 4, 3-15); la corrupción universal, a raíz del pecado (cf. Gn 6, 5.12; Rm 1,18-32); en la historia de Israel, el pecado se manifiesta frecuentemente, sobre todo como una infidelidad al Dios de la Alianza y como transgresión de la Ley de Moisés; e incluso tras la Redención de Cristo, entre los cristianos, el pecado se manifiesta de múltiples maneras (cf. 1 Co 1-6; Ap 2-3) (CIC #401).*

Esta invasión de pecado que sufrimos por otras personas y sus sistemas es lo que constituye el mundo. Jesús lo describió como el lugar donde el maligno domina cuando profetizó: *"Ahora es el juicio de este mundo, ahora el que gobierna este mundo va a ser echado fuera"* (Juan, 12, 31). San Juan también recalca ese dominio al decir: *"Sabemos que somos de Dios, mientras el mundo entero está bajo el poder del Maligno"* (1° Juan 5, 9). Hoy, a pesar de estar vencido en la cruz del Calvario, sus manifestaciones continúan presentes a través de todos los que aceptan la tentación y nos influencian. Ellos en su conjunto son consecuencia del pecado original que hemos heredado sumado al pecado de toda la humanidad.

> *"Las consecuencias del pecado original*
> *y de todos los pecados personales de los hombres*
> *confieren al mundo en su conjunto una condición pecadora,*
> *que puede ser designada con la expresión de san Juan:*
> *"el pecado del mundo" (Jn 1, 29). Mediante esta expresión se significa*
> *también la influencia negativa que ejercen sobre las personas*
> *las situaciones comunitarias y las estructuras sociales que*
> *son fruto de los pecados de los hombres (cf. RP 16)".*
> *CIC #408*

El mundo está en contra del Evangelio

Sin duda el mundo se opone al mensaje de Cristo. Pero el alcance de sus maquinaciones debemos tenerlo presente como lo tenía el apóstol de los gentiles al decir: *"Así no se aprovechará Satanás de nosotros, pues conocemos muy bien sus propósitos"* (2° Corintios 2, 11). La sutileza con la que ataca busca hacernos creer que el mensaje de Cristo se complementa con sus artimañas. Lo cual es totalmente falso. Tanto así que el mensaje del Apóstol Santiago sigue resonando hoy como ayer: *"¡Adúlteros! ¿No saben que la amistad con este mundo es enemistad con Dios? Quien desee ser amigo del mundo se hace enemigo de Dios"* (Santiago 4, 4). Jesús lo dirá así: *"Ningún siervo puede servir a dos patrones, porque necesariamente odiará a uno y amará al otro o bien será fiel a uno y despreciará al otro. Ustedes no pueden servir al mismo tiempo a Dios y al Dinero"* (Lucas, 16, 13).

En definitiva el mundo se opone al Evangelio de Cristo y Juan lo dirá así: *"No amen al mundo ni lo que hay en el mundo. Si alguno ama al mundo, el amor del Padre no está en él. Pues toda la corriente del mundo, -*

la codicia del hombre carnal, los ojos siempre ávidos, y la arrogancia de los ricos-, nada viene del Padre, sino del mundo" (1° Juan 2, 15-16).

El mundo busca crear confusión

No siempre es fácil distinguir entre las necesidades legítimas que tenemos del ofrecimiento del mundo, en especial cuando el mundo trabaja en conjunto con la carne. Es cierto que tenemos necesidades como todo ser humano. Por esto, cuando el Señor no es el centro de nuestro corazón, es fácil confundirnos sobre lo que es en realidad una necesidad fundamental y lo que es un capricho pecaminoso.

Si nosotros estamos ciegos y confundidos por el pecado buscaremos satisfacer nuestras necesidades desde el pecado. Como resultado de nuestro egoísmo crearemos una sociedad muy hambrienta, injusta, insegura, discriminatoria, corrupta, delincuente, desigual y violenta.

¿Conoces alguna sociedad con esas características?

El mensaje de Cristo pudo haber llegado a nosotros, pero al no profundizarlo, ponerlo en práctica por completo o no aceptar la totalidad del mensaje, nos excusamos. Así justificamos nuestras acciones en función al concepto que tenemos de nuestras necesidades y la manera en satisfacerlas. Algunas de esas excusan serán como estas:

- Desobedecen a Dios para tener autonomía.
- Deshonran a sus padres por tener independencia.
- Cometen actos impuros para no tener compromisos.
- Codician bienes ajenos en busca de igualdad.
- Matan para establecer dominio.
- Roban porque tienen hambre.
- Mienten para tener afecto.
- Abortan para ser libres.

Como podemos ver, al ejercer nuestra libertad con egoísmo, invadimos la libertad ajena. Dios nos confió los recursos de la tierra para cuidarlos, trabajarlos y beneficiarnos todos de ellos. Pero aun queriendo hacerlo para el bien común de una forma loable, terminamos haciendo el mal que no queremos si no nos dejamos guiar por el Espíritu. Confundidos en el pecado, llamamos necesidad a lo que no lo es. Y si fuera una necesidad real, no siempre le damos una justa prioridad. Mucho menos, la satisfacemos de forma adecuada para nosotros y el bien común. El esfuerzo de todo ser humano debe ser, *"para ayudar a cada uno a atender* sus necesidades fundamentales y las necesidades de los que están a su cargo" (CIC #2402).

La necesidad espiritual tiene prioridad sobre la material

Confundidos por el pecado no nos damos cuenta que para suplir cualquier necesidad material que tengamos, necesitamos suplir nuestra necesidad espiritual. Mas esta conclusión sólo la conseguimos mediante la fe, puesto que, *"por la fe creemos que las etapas de la creación fueron dispuestas por la palabra de Dios y entendemos que el mundo visible tiene su origen en lo que no se palpa" (Hebreos 11, 3)*. En la carta a los Hebreos 3 San Pablo enumera un sinnúmero de personas que por la fe dejaron de un lado sus necesidades físicas para aferrarse a un bien mayor tanto para ellos como para el bien común.

- **Abel:** Ofreció a Dios los primogénitos de sus ovejas contrario a satisfacer su necesidad de seguridad. Un ganadero experimentado dirá que esto es una doble necedad. Primero porque el primogénito hay que cuidarlo, pues es el primer ejemplar y nadie puede saber si habrá un segundo. Segundo porque hay que reservar los mejores ejemplares para la fecundación y así conseguir una raza vigorosa de ganado. Mas Abel supo distinguir entre el ofrecimiento inferior del mundo y el superior del espiritual. Fue así que, *"fue considerado justo, como Dios lo dio a entender aprobando sus ofrendas. Y aun después de muerto, por su fe sigue clamando" (Hebreos 11, 4)*.

- **Abraham:** Abandonó su necesidad de protección para marcharse a una tierra totalmente desconocida. Una arriesgada aventura en la que actuaba contrario a su necesidad de seguridad y en la cual peligraba su familia y hasta su vida. Este obrar confiado en Dios consiguió que Pablo proclamara: *"Por eso de este hombre únicamente, ya casi impotente, nacieron descendientes tan numerosos como las estrellas del cielo, e innumerables como los granos de arena de las orillas del mar" (Hebreos 11, 12)*.

- **Moisés:** Sus necesidades físicas estaban suplidas a plenitud en el palacio de Faraón. Mas él abandonó todas estas comodidades para meterse en un proyecto contrario a toda comodidad. Dejó la plena autorrealización, el reconocimiento, el afecto, la seguridad, la protección, en fin, todo de lo que disfrutaba por ser de la realeza.

A cambio prefirió, *"compartir, no el goce pasajero del pecado, sino los malos tratos del pueblo de Dios"* (Hebreos 11, 25).

Nuestra necesidad prioritaria es la espiritual. Tanto así que el primer Papa ya nos dio el remedio para no desesperarnos. Él mismo nos dice hoy: *"Humíllense, pues, bajo la poderosa mano de Dios, para que, llegado el momento, él los levante. Depositen en él todas sus preocupaciones, pues él cuida de ustedes"* (1º Pedro 5, 6-7).

Las preocupaciones pueden ahogar Su Palabra

Jesús nos advierte cómo las preocupaciones, del mundo, pueden ahogar Su Palabra en nosotros. Él no quiere vernos afanados por añadiduras como Marta, la hermana de Lázaro. María, su hermana menor, prefirió sentarse a los pies del Maestro para escuchar con atención la Palabra. Tanto fue el desespero que le dijo a Jesús: *"Señor, ¿no te importa que mi hermana me haya dejado sola para atender? Dile que me ayude"* (Lucas 10, 40). Pero el Señor le quitó el disfraz al supuesto servicio a Dios diciendo:

"Marta, Marta, tú andas preocupada y te pierdes en mil cosas: una sola es necesaria. María ha elegido la mejor parte, que no le será quitada." Lucas 10, 41-42

Cristo quiere que tengamos esa parte. Él nos quiere sin preocupaciones confiándole el primer lugar. Luego vendrá todo lo demás. Pero, sirviendo a dos patrones, no lo lograremos porque vamos a odiar o despreciar a uno de ellos. No podemos servir a Dios y al dinero. Si nos preocupamos por el comer o el vestir le restamos valor a la vida y a nuestros cuerpos. Por eso el Señor en Su infinita sabiduría nos dice:

"Fíjense en las aves del cielo: no siembran, ni cosechan, no guardan alimentos en graneros, y sin embargo el Padre del Cielo, el Padre de ustedes, las alimenta. ¿No valen ustedes mucho más que las aves? ¿Quién de ustedes, por más que se preocupe, puede añadir algo a su estatura? Y ¿por qué se preocupan tanto por la ropa? Miren cómo crecen las flores del campo, y no trabajan ni tejen. Pero yo les digo que ni Salomón, con todo su lujo, se pudo vestir como una de ellas. Y si Dios viste así el pasto del campo, que hoy brota y mañana se echa al fuego, ¿no hará mucho más por ustedes? ¡Qué poca fe tienen! No anden tan preocupados ni digan: ¿tendremos alimentos? o ¿qué beberemos? o ¿tendremos ropas para vestirnos? Los que no conocen a

Dios se afanan por esas cosas, pero el Padre del Cielo, Padre de ustedes, sabe que necesitan todo eso. Por lo tanto, busquen primero el Reino y la Justicia de Dios, y se les darán también todas esas cosas. No se preocupen por el día de mañana, pues el mañana se preocupará por sí mismo. A cada día le bastan sus problemas." Mateo 6, 26-34

Una de las claves para vencer las preocupaciones de la vida es reconocer que todos los bienes que tenemos como propios son también bienes comunes. No podemos apropiarnos de las cosas que tenemos como si fuéramos nosotros los únicos propietarios de ellas. Solo reconociendo esto serán de verdadero provecho para todos, pues no estamos solos en esta tierra. ¿No nos hemos puesto a pensar que mientras nosotros disfrutamos de alguna comodidad en alguna parte hay alguien sufriendo una incomodidad? Nuestro Catecismo es muy revelador en este sentido y nos lo dirá con estas palabras: *"El hombre, al servirse de esos bienes, debe considerar las cosas externas que posee legítimamente no sólo como suyas, sino también como comunes, en el sentido de que puedan aprovechar no sólo a él, sino también a los demás" (GS 69, 1). La propiedad de un bien hace de su dueño un administrador de la providencia para hacerlo fructificar y comunicar sus beneficios a otros, ante todo a sus próximos"* (CIC #2404).

La Cuarta forma de proceder: <u>Diligencia</u>

"La semilla que cayó en tierra buena, es aquel que oye la Palabra y la comprende. Este ciertamente dará fruto y producirá cien, sesenta o treinta veces más." Mateo 13, 23

"Y lo que cae en tierra buena son los que reciben la palabra con un corazón noble y generoso, la guardan y, perseverando, dan fruto." Lucas 8, 15

"Para otros se ha sembrado en tierra buena. Estos han escuchado la palabra, le han dado acogida y dan fruto: unos el treinta por uno, otros el sesenta y otros el ciento." Marcos 4, 20

Todos los que escuchan la Palabra y proceden con tierra buena son los que actúan con **"diligencia"** al mensaje. Son los que dejan de hacer lo mismo, se desinstalan, se mueven de su sitio cómodo y se ponen en camino en la misma dirección que apunta Su Palabra. Por supuesto que hay que ir en dirección opuesta al camino que teníamos. Dios es claro al decir: *"Sus proyectos no son los míos, y mis caminos no son los mismos de ustedes, dice Yavé" (Isaías 55, 8).* Si nos examinamos bien nos daremos cuenta que el *"camino de la cruz"* no es con lo que hemos soñado siempre. Para actuar con la **"diligencia"** que nos pide Jesús se hace necesario renunciar a nuestros *"propios caminos"* y cargar nuestra cruz con la alegría de saber que Jesús camina a nuestro lado.

Este actuar diligente es el esmero y el cuidado en ejecutar lo expuesto en Su Palabra pues como dijo San Ignacio de Antioquia: *"Los que hacen profesión de pertenecer a Cristo se distinguen por sus obras"*. Es materializar con prontitud y con gran agilidad Su mensaje, tanto en nuestro interior, como en nuestro exterior. Es cierto que, *"cada cristiano y cada comunidad discernirá cuál es el camino que el Señor le pide, pero todos somos invitados a aceptar este llamado: salir de la propia comodidad y atreverse a llegar a todas las periferias que necesitan la luz del Evangelio (Evangelii Gaudium #20).* De esta manera llevaremos a cabo la obra de Cristo sin que se quede solo en palabras.

Actuar con **"diligencia"** es poner en práctica lo aprendido del Evangelio que nos ha transformado. Es no poner oposición a Su mensaje y dejarnos conducir por él. Jesús compara esta persona que escucha y pone en práctica sus palabras a, *"hombre sabio y prudente, que edificó su casa sobre roca. Cayó la lluvia, se desbordaron los ríos, soplaron los vientos y se arrojaron contra aquella casa, pero la casa no se derrumbó, porque tenía los cimientos sobre roca" (Mateo 7, 24-25).* En cambio dirá que aquellos que oyen sus palabras y no las practican son como, *"un tonto que construyó su casa sobre arena. Cayó la lluvia, se desbordaron los ríos, soplaron los vientos y se arrojaron contra esa casa: la casa se derrumbó y todo fue un gran desastre" (Mateo 7, 26-27).*

La transformación interior anticipa la diligencia

Para poder poner en práctica lo aprendido es necesario que ocurra una transformación primero en nuestra persona. Por eso Jesús dijo: *"Yo soy la vid y ustedes las ramas. El que permanece en mí y yo en él, ése da mucho fruto, pero sin mí, no pueden hacer nada" (Juan 15, 5).* Por nuestras propias fuerzas no podemos lograr alcanzar a llevar a cabo Sus enseñanzas completamente como le había sucedido a la nación de Israel en tiempos de la Ley Mosaica. Sino...

- ¿Cómo vamos a perdonarlo todo y siempre?
- ¿Cómo obedecerlo en todo cumpliendo todos sus deseos?
- ¿Cómo vamos a poner la otra mejilla al recibir una ofensa?
- ¿Cómo vamos a estar dispuestos a morir con tal de seguirlo?

- ¿Cómo vamos a renunciar a nuestros derechos y ambiciones?
- ¿Cómo vamos a posponer incluso a nuestra propia madre y familia con tal de seguir su mensaje?
- ¿Cómo romper con cualquier proyecto personal de vida para tener en adelante el proyecto de Jesús?
- ¿Cómo vamos a renunciar a todas nuestras posesiones de manera que ya no sean nuestras sino de Jesús?
- ¿Cómo podemos romper con el pasado y seguirlo sin añorar ese pasado como algo mejor para nosotros?

Tomemos de ejemplo lo que sucede luego de una predicación. Puede haber sido en una homilía, una charla en un grupo o en un retiro. Todos escucharon el mismo mensaje, la misma predicación, el mismo Evangelio. Todos recibieron la misma bendición. Es decir, la misma semilla fue sembrada en sus corazones. Sin embargo, ¿todos se comportan igual al salir del lugar? Yo creo que no.

Veremos cómo un grupo dirá:

—*Estuvo bien, pero no recuerdo de qué se habló.*

—*Estuvo interesante porque me hizo pensar.*

—*Me conmovió tanto que hasta lloré.*

—*Estuvo tremendo. Estoy súper emocionado.*

Es muy probable que estas personas no produzcan fruto a largo plazo. Su comportamiento es probable que no refleje la enseñanza recibida. A muchos se les notará rápidamente y a otros pasado algún tiempo. Aquellos que busquen salvar las apariencias los podemos identificar por su inconstancia. Yo les llamo el grupo de los *"a veces"* porque:

- Saludarán a otros... a veces.
- Les hablaran a otros... a veces.
- Perdonaran... a veces.
- Ayudaran... a veces.
- Escucharan... a veces.
- Serán solidarios... a veces.

En cambio otro grupo dirá luego de recibir la predicación:

—*En verdad, Dios me habló.*

—*No sé cómo he podido alejarme tanto de Dios. Necesito volver a Él.*

—*Siento que lo que estoy haciendo no está bien.*

—*Ya es hora de hacer un cambio en mi vida.*

Es muy probable que estas personas den verdadero fruto porque evidencian mejor la transformación que San Pablo pedía en su predicación cuando pedía, *"que se arrepintieran y se convirtieran a Dios, mostrando en adelante los frutos de una verdadera conversión"* (Hechos 26, 20). Ese cambio es imprescindible para realizar la obra que nos encomienda. No se trata de cumplir con una lista precisa de procedimientos. A muchos cristianos les pasa eso y se convierten en unos *"activistas"*.

Los *"activistas"* hacen mucho daño en las comunidades pues, al no cultivar los frutos del Espíritu, ponen pesadas cargas sobre ellos y los demás. Se convierten en personas crueles que no valoran los sentimientos ajenos. En nombre de Cristo gestionan una agenda sin caridad. Sus palabras son de una exigencia que aplasta las voluntades y destroza la autoestima. Lo peor es que tienden a ser muy responsables y así logran altos puestos jerárquicos en las comunidades. En esos puestos hacen más daño ya que se aprovechan de la ignorancia de personas humildes que no tienen mucho conocimiento de la fe y se les olvidó que Jesús dijo:

> **"Carguen con mi yugo y aprendan de mí, que soy paciente**
> **y humilde de corazón, y sus almas encontrarán descanso.**
> **Pues mi yugo es suave y mi carga liviana."**
> **Mateo 11, 29-30**

Para no correr el riesgo de convertirnos en unos *"activistas"* necesitamos poner los medios para que Su Palabra nos transforme. Al escuchar Su Palabra no podemos actuar con indiferencia, superficialidad y postergación. Ninguna de estas tres formas de proceder, en la Parábola del Sembrador, produce fruto.

Mejor reconozcamos nuestra participación en la invasión de pecado que inunda el mundo actual. Es decir, poner interés, profundizar, dar prioridad y poner en práctica las palabras del apóstol cuando proclama: *"Que todos, pues, se callen y el mundo entero se reconozca culpable ante Dios"* (Romanos 3, 19). En efecto, *"pues todos pecaron y están faltos de la gloria de Dios. Pero todos son reformados y hechos justos gratuitamente y por pura bondad, mediante la redención realizada en Cristo Jesús"* (Romanos 3, 23-24).

Entonces, actuar con tierra buena va desde reconocer nuestra condición pecadora hasta mostrar con obras la convicción de haber sido redimidos por Cristo. Significa vencer todo obstáculo para que la Palabra haga una transformación en nosotros antes de ponerla por obra y fructificar. San Pablo lo resume así:

"Que el amor sea sincero. Aborrezcan el mal y procuren todo lo bueno. Que entre ustedes el amor fraterno sea verdadero cariño, y adelántense al otro en el respeto mutuo.

Sean diligentes, y no flojos.

Sean fervorosos en el Espíritu y sirvan al señor. Tengan esperanza y sean alegres. Sean pacientes en las pruebas y oren sin cesar. Compartan con los hermanos necesitados, y sepan acoger a los que estén de paso. Bendigan a quienes los persigan: bendigan y no maldigan. Alégrense con los que están alegres, lloren con los que lloran. Vivan en armonía unos con otros. No busquen grandezas y vayan a lo humilde; no se tengan por sabios. No devuelvan a nadie mal por mal, y que todos puedan apreciar sus buenas disposiciones. Hagan todo lo posible para vivir en paz con todos. Hermanos, no se tomen la justicia por su cuenta, dejen que sea Dios quien castigue, como dice la Escritura: Mía es la venganza, yo daré lo que se merece, dice el Señor. Y añade: Si tu enemigo tiene hambre, dale de comer; si tiene sed, dale de beber: éstas serán otras tantas brasas sobre su cabeza. No te dejes vencer por el mal, más bien derrota al mal con el bien."
Romanos 12, 9-21

La diligencia en relación a los tres adversarios

En la Parábola del Sembrador los tres adversarios toman ventaja cuando respondemos de ciertas maneras impidiendo que lleguemos a producir fruto. Solo, el obrar con **"diligencia"** produce fruto dejando claro que los adversarios no detuvieron la fructificación. Este obrar con diligencia, poniendo por obra la Palabra que nos transforma y nos sigue transformando, supone un triunfo contra los tres adversarios.

Aunque en la Parábola del Sembrador se habla por separado de las manifestaciones del mal, San Pablo muestra como también trabajan de manera sincronizada.

"Ustedes estaban muertos a causa de sus faltas y sus pecados. Con ellos seguían la corriente de este <u>mundo</u> y al <u>soberano que reina entre el cielo y la tierra,</u> el espíritu que ahora está actuando en los corazones rebeldes. De ellos éramos también nosotros, y nos dejamos llevar por las codicias humanas, obedeciendo a <u>los deseos de nuestra naturaleza</u> y consintiendo sus proyectos. E íbamos directamente al castigo, lo mismo que los demás." Efesios 2, 1-3

Aquí vemos como los tres combatientes aliados luchan en una misma guerra. Tanto el maligno, el mundo y la carne combaten unidos contra la fructificación del Espíritu. Cada uno de ellos lucha a su modo, y no pueden ser vencidos por separado si no son vencidos los otros. Es decir, la carne, el mundo y el demonio actúan en complicidad permanente.

Mas Dios nos ha dado el conocimiento espiritual para ayudarnos a vencer en el reino espiritual así como el científico para que lo utilicemos en el reino físico. En relación a esto, escribiendo a un religioso, dice San Juan de la Cruz:

«El alma que quiere llegar en breve... a la unidad con Dios, y librarse de todos los impedimentos de toda criatura de este mundo, y defenderse de las astucias y engaños del demonio y libertarse de sí mismo», tiene que vencer los tres enemigos juntamente. «El mundo es el enemigo menos dificultoso [recordemos que está escribiendo a un religioso, que ha renunciado ya al mundo]. El demonio es más oscuro de entender; pero la carne es más tenaz que todos, y duran sus acometimientos mientras dura el hombre viejo. Para vencer a uno de estos enemigos es menester vencerlos a todos tres; y enflaquecido uno, se enflaquecen los otros dos; y vencidos todos tres, no le queda al alma más guerra», y todas sus fuerzas quedan libres para amar a Dios y al prójimo. (Cautelas a un religioso 1-3)

Una forma de dar testimonio es realizando lo que Pablo recomienda en este pasaje:

"Si alguno ha causado molestia, no es a mí a quien ha molestado, sino a todos ustedes; y tampoco quisiera exagerar. Ya le basta la represión que recibió de la comunidad. Ahora es mejor que lo perdonen y le den ánimo, no sea que la pena sea más grande de lo que puede soportar. Les ruego, pues, que le demuestren cariño. En realidad les escribí para comprobar si podía contar con ustedes y con su total obediencia. A quien ustedes perdonen, también yo le perdono, y lo que he perdonado, si realmente tenía algo que perdonar, lo perdoné en atención a ustedes, en presencia de Cristo. Así no se aprovechará Satanás de nosotros, pues conocemos muy bien sus propósitos." 2º Corintios 2, 5-11

Luego de vencer necesitamos hacernos prójimos con los demás con diligencia. Es decir,

En adición a esta relación entre *"proceder"* y *"adversarios"*, la guía Fructifica incluye lo que hemos presentado hasta este momento. A continuación te incluimos el resumen:

1. **Intencionalidad (Mateo 22):** Nuestro gran ¿PARA QUÉ estamos aquí?, lo descubrimos a partir del mandamiento supremo. Estamos aquí para intencionalmente glorificar a Dios y fructificar.
2. **Renovación (Juan 15):** Cristo revela que daremos el fruto de la santidad, que es nuestro máximo potencial, si somos renovados por su Palabra y permanecer en Él.
3. **Plenitud (Gálatas 5):** Las manifestaciones del fruto de la santidad se puede medir en por lo menos doce aspectos que nos llevan a la plenitud.
4. **Oposición (Mateo 13, Marcos 4, Lucas 8):** Cristo nos revela que combatimos contra las tentaciones del maligno, la carne y el mundo. También revela cómo prevalecer ante cada una de ellas.

Fructifica

En **"Fructifica"** intencionalmente glorificamos a Dios y cultivamos los frutos del Espíritu. Se ora con una Lectura Bíblica **intencionalmente** relacionada al fruto a cultivar para **renovarnos** constantemente y lograr una vida **plena.** Los pasos sugeridos son los siguientes:

1º Paso: <u>Atender</u> a Su Palabra
en oposición al maligno y la indiferencia.

2º Paso: <u>Aplicar</u> Su Palabra
en oposición a la carne y la superficialidad.

3º Paso: <u>Anteponer</u> Su Palabra
en oposición al mundo y la postergación.

4º Paso: <u>Actuar</u> Su Palabra
para al fin fructificar

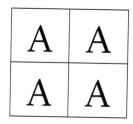

A continuación te presentamos la guía **"Fructifica"**. Los diversos pasos son, a modo de esquema abierto, con muchas entradas y salidas, para ser utilizados según las diversas y ricas experiencias de cada persona. Está abierto a la novedad del Espíritu. Por eso no debe verse como la única manera de **fructificar** porque ese no es el objetivo. El objetivo es que se vean como una gota dentro del inmenso océano de herramientas con las que contamos para fructificar.

Recordemos que esta guía en nada sustituye la prioridad que debe tener el darle gloria a Dios en la Santa Misa y en la Eucaristía.

¿Estás listo para el reto de Fructifica?

Una forma práctica de utilizar esta guía es la siguiente:

1. Enumera los doce frutos del Espíritu en orden de mayor a menor necesidad de evidenciar. Como referencia puedes usar el Examen de Conciencia provisto.

Caridad	Benignidad	Fidelidad
Gozo	Bondad	Modestia
Paz	Longanimidad	Continencia
Paciencia	Mansedumbre	Castidad

2. Localiza la Lectura asociada al fruto en el que tienes mayor necesidad de evidenciar en la *Tabla de Frutos y Lecturas Bíblicas*. *(Página 109)*
3. Escoge una lectura asociada a ese fruto para realizar la guía Fructifica.
4. Al siguiente día continúa con el próximo fruto y su Lectura hasta completar los doce frutos en doce días.
5. Al terminar, puedes continuar profundizando con Lecturas adicionales o la Lectura del Santo Evangelio diario.

Examen de Conciencia
desde los frutos del Espíritu

1 **Caridad**	¿Amo sin pecar? ¿Amo aun cuando no siento amar? ¿Amo según las personas me sirven y me hacen sentir o las amo tal cual son? ¿Soy amable, cortés y generoso con todos los que me gritan y me ofenden?
2 **Gozo**	¿Me complazco en el vil pecado o mi alegría es por ser hijo de Dios y servir a Jesucristo? ¿Me gozo aun en la adversidad? ¿Mi alegría depende de Dios o de las circunstancias? ¿Me alegran las desgracias ajenas? ¿Me regocijo cuando testifico a Cristo?
3 **Paz**	¿Experimento una aparente seguridad desde mi zona de comodidad la cual depende de factores externos o la paz que depende de factores internos al ir más allá de lo cotidiano? ¿En serio tengo paz interior? ¿Tengo serenidad y calma de espíritu?
4 **Paciencia**	¿A fuerza de voluntad sofoco y domino la impaciencia o soporto la desilusión sin enojarme sabiendo que es para el bien de mi salvación? ¿Resisto situaciones desafiantes sin tristeza y sin alterarme? ¿Tengo calma al esperar algo que deseo mucho? ¿Tengo buen genio de forma constante al esperar situaciones que parecen no terminar?
5 **Benignidad**	¿Oculto actitudes hipócritas tratando con suavidad a los demás buscando manipularlos o demuestro ser educado, atento, amable, servicial y generoso? ¿Trato con dulzura, delicadeza y ternura a todos en especial con los que difiero? ¿Soy amable y corrijo con suavidad?
6 **Bondad**	¿Busco reconocimiento y salvar a los demás desatendiendo mis necesidades vitales o reconozco que solo Jesús salva, tengo bondad conmigo mismo y me defiendo sin ofender? ¿Pago las ofensas con bondad? ¿Tengo la voluntad de hacer el bien? ¿Comparto mi tiempo y recursos con generosidad?

7 **Longanimidad**	¿Aguanto sin quejas ni amarguras lo que espero? ¿Soy persistente y de buen ánimo en el camino trazado? ¿Me acobardo ante la desgracia o actuó doblando la rodilla, ignorando el dolor y agradeciendo Su bendición sin renegar?
8 **Mansedumbre**	¿Actúo con violencia para demostrar una fortaleza que no tengo o perdono poniendo límites, siendo valiente sin violentarme, fuerte sin ser duro y manso sin dejarme engañar? ¿Tengo suavidad de disposición? ¿Instruyo con afabilidad y gentileza? ¿Controlo mis instintos destructivos buscando la armonía con otros?
9 **Fidelidad**	¿Me muevo en dirección hacia lo que estoy creyendo? ¿Creo solo para escapar del infierno o profeso una fe que es seguida con buenas acciones? ¿Confío en que Dios es capaz de hacer lo que dijo que haría? ¿Soy fiel, honesto y responsable en mis palabras, contratos, promesas y obligaciones? ¿No defraudo ni engaño a nadie?
10 **Modestia**	¿Alardeo ocultando de forma velada mi arrogancia o comparto mis fallos y virtudes de una forma sincera? ¿Me muestro todo el tiempo con respeto y pureza de alma? ¿Modero todo lo que digo y hago? ¿Mis gestos, ropa y actitudes son propias para edificar a otros?
11 **Continencia**	¿Modero mis apetitos superando mis debilidades? ¿Controlo mi cuerpo y deseos sensuales física y mentalmente por el poder del Espíritu Santo? ¿No contengo en los justos límites los placeres sensuales, al comer, al beber, al dormir, al divertirme y demás placeres de la vida material o reprimo los deleites ilícitos y modero los permitidos?
12 **Castidad**	¿No excluyo ni modero el apetito y los actos sexuales o acepto y domino mi sexualidad como Dios me la dio? ¿Mi sexualidad es movida por el amor o por el deseo o la posesión? ¿Gobierno y modero el deseo del placer según los principios de la fe y la razón? ¿Practico la abstinencia como no casado? ¿Practico la castidad conyugal como casado? ¿Al decidir no casarme he renunciado plenamente a las relaciones sexuales?

Tablas de frutos y Lecturas Bíblicas

Si es posible, el texto a utilizar debe estar relacionado al fruto que vamos a cultivar. A continuación te ofrezco una lista de algunos:

1 Caridad	1 Corintios 13
2 Gozo	Sofonías 3, 14-17
3 Paz	Juan 14, 27-31
4 Paciencia	Romanos 8, 24-27
5 Benignidad	Lucas 1, 39-45
6 Bondad	Mateo 5, 13-16
7 Longanimidad	Gálatas 6, 8-18
8 Mansedumbre	Santiago 2, 14-26
9 Fidelidad	1 Pedro 5, 6-11
10 Modestia	Hebreos 2, 1-18
11 Continencia	Proverbios 12, 26-31
12 Castidad	Hebreos 13, 1-9
13 Todos los frutos	Gálatas 5, 13-26

Luego de escoger el fruto a cultivar, basado en el examen de conciencia y la Lectura Bíblica en la que profundizaremos, podemos comenzar nuestro devocional **"Fructifica"**. Aquí te presento un resumen del mismo.

Fructifica
Una guía para una vida <u>Intencionada</u>, <u>Renovada</u> y <u>Plena</u>

Preparación e Invocación solemne del Espíritu Santo

Objetivo: Glorificar a Dios invocando Su presencia majestuosa que viene a nuestro auxilio con todo Su poder.

1. Consideraciones:
   a. Estar en estado de gracia.
   b. Determinemos una hora fija y cumplir con ese horario.
   c. Elijamos un lugar fijo.
   d. Tengamos listas todas las cosas que necesitaremos. (Lápiz, Biblia, libreta para anotar, etc.)
2. Invocar reverente al Espíritu Santo.
3. Oraciones preparatorias.

1° Paso: Atender a Su Palabra
(La Palabra <u>Atendida</u>)

Objetivo: Glorificar a Dios atendiendo con mucho interés a Su Palabra para que siga transformándonos con lo que muestra y contra las tentaciones del enemigo.

Combate espiritual: Contra las tentaciones de los demonios en especial la indiferencia.

Pregunta base: ¿Qué dice el texto bíblico?

1. Consideraciones:
   a. Uso de los sacramentales.
   b. Ayunar.
   c. Asumir una postura corporal que refleje atención.
   d. Dar gracias a Dios, ante la Biblia, por lo que hará Su Palabra.
   e. Bendecir a Dios por alguna Palabra que haya sido provechosa para nosotros en el pasado.
   f. Recordar la promesa de Lucas 11, 28: *"¡Felices, pues, los que escuchan la palabra de Dios y la observan!"*
2. Proclamar Su Palabra varias veces.

2° Paso: Aplicar Su Palabra
(La Palabra <u>Aplicada</u>)

Objetivo: Glorificar a Dios aplicándonos con fe Su Palabra para vencer los deseos de la carne.

Combate espiritual: Contra las tentaciones de la carne en especial la superficialidad.

Pregunta base: ¿Qué me dice el texto bíblico?

1. Repasar Su Palabra profunda y detenidamente.
2. Aplicar con fe Su Palabra contestando algunas preguntas como las siguientes:
   a. ¿De qué pecados me necesito arrepentir?
   b. ¿A qué inclinaciones de la carne necesito renunciar?
   c. ¿Qué frutos necesito evidenciar?
   d. ¿A qué mentiras necesito renunciar?
   e. ¿Qué verdad necesito proclamar?

3° Paso: Anteponer Su Palabra
(La Palabra _Antepuesta_)

Objetivo: Glorificar a Dios anteponiendo Su Palabra frente a mis preocupaciones, deseos y tentaciones del mundo.

Combate espiritual: Contra las tentaciones del mundo en especial la postergación.

Pregunta base: ¿Cómo me pide el texto bíblico que lo priorice?

1. Repasar Su Palabra profunda y detenidamente.
2. Anteponerla frente a mis preocupaciones, deseos y tentaciones del mundo contestando preguntas como estas:
   a. ¿Qué me preocupa al leer tu Palabra?
   b. ¿Frecuento algún lugar que no me conviene?
   c. ¿Hay algo que veo o escucho que sea tentación para mí?
   d. ¿Necesito posponer alguna necesidad buena por algún tiempo?
   e. ¿Necesito abandonar alguna comodidad para glorificarte en algún proyecto?
3. Oración de Entrega

4° Paso: Actuar Su Palabra
(La Palabra en _Acción_)

Objetivo: Glorificar a Dios distinguiendo en cómo reflejar Su Palabra.

Combate espiritual: Contra la tentación a la pereza

Pregunta base: ¿Cómo testifico el texto?

1. Repasar Su Palabra profunda y detenidamente.
2. Distinguir como reflejarla contestando preguntas como estas:
   a. ¿Dónde necesito involucrarme más?
   b. ¿A quién necesito acompañar?
   c. ¿Qué necesito celebrar?
   d. ¿Qué obra de misericordia corporal necesito realizar?
   e. ¿Qué obras de misericordia espiritual ocupo hacer por otros?
3. Oración de Compromiso

Fructifica: Una guía que te cambia la vida

"Recuerda que la perfección consiste en conformar la vida y las acciones totalmente a las virtudes sagradas del Corazón de Jesús, especialmente su paciencia, su mansedumbre, su humildad y su caridad. Como resultado, nuestra vida interior y exterior llega a ser una imagen viva de Él".
Santa Margarita María

Esta guía devocional resume lo que hemos expuesto a lo largo de este libro. Básicamente es un tiempo de comunión con Dios donde su objetivo es poner los medios para cumplir nuestro gran PARA QUÉ, cultivar nuestro máximo potencial y obtener la vida plena que hemos soñado. Es una manera de prepararnos para vivir con intencionalidad, renovación y plenitud. La idea es construir una edificación preciosa como lo plantea Santa Teresa de Jesús: *"No hay edificio de tanta hermosura como un alma limpia y llena de virtudes."*

Al igual que para tener un edificio es necesario construirlo, para tener una cosecha se necesita empezar por sembrar. Si queremos los frutos del Espíritu necesitamos sembrar en el Espíritu. Así lo señala el Apóstol:

"No se engañen, nadie se burla de Dios: al final cada uno cosechará lo que ha sembrado. El que siembra en la carne, y en la propia, cosechará de la carne corrupción y muerte. El que siembra en el espíritu, cosechará del espíritu la vida eterna. Así, pues, hagamos el bien sin desanimarnos, que a su debido tiempo cosecharemos si somos constantes." Gálatas 6, 7-9

Esta es otra manera de decir que obtenemos de nuestra vida Cristiana lo que invertimos en ella. Santa Teresa de Jesús lo expresa así:

"Dios no ha de forzar nuestra voluntad; toma lo que le damos; mas no se da a sí del todo hasta que nos damos del todo".

Para sembrar en el Espíritu tenemos distintas maneras como, participando de la Santa Misa, la adoración Eucarística, el estudio de la Biblia, el servicio a los demás, y la oración entre otras formas. Con **"Fructifica"** hacemos una siembra intensiva por medio de la oración y las Sagradas Escrituras. Durante **"Fructifica"** separamos un tiempo especial para escucharlo y hablar con Él. Con **intencionalidad** procuramos glorificarle y dar fruto recordando que Su Vida bienaventurada ya la hemos recibido a través del santo Bautismo y que brotará de nuestro interior como nos lo prometió Jesús cuando, *"puesto en pie, exclamó con voz potente: «El que tenga sed, que venga a mí, y que beba el que cree en* *mí. Lo dice la Escritura: De él saldrán ríos de agua viva.*» Decía esto Jesús *refiriéndose al Espíritu Santo que recibirían los que creyeran en él. Todavía no se comunicaba el Espíritu, porque Jesús aún no había entrado en su gloria"* (Juan 7, 37-39).

Pero tal vez lo más importante de **"Fructifica",** y lo que lo diferencia de solo un tiempo de lectura, es que tiene su énfasis en la aplicación práctica de lo que Dios nos dice. Es decir, nos permite tener instrucciones precisas, no sólo intelectualmente, sino con pasos concretos que nos ayudan a experimentar transformación y cumplir Su voluntad con diligencia. Muchas veces leemos los pasajes bíblicos, pero no cooperamos con la gracia recibida en nuestro santo Bautismo para que transforme nuestros corazones.

El fin de Fructifica es intencionalmente cooperar con la gracia para dar mucho fruto.

Es decir, en **"Fructifica"** no se pretende solo leer el texto, no se pretende solo escucharlo, o solo entenderlo de forma básica, sino entenderlo a un nivel más profundo al fructificar.

Hay quienes piensan que basta con un entendimiento preliminar del texto. Lo cierto es que se entiende mucho más cuando se escucha, se proclama, te transforma y se pone por obra. En efecto no habrá provecho verdadero hasta practicar poniendo en acción lo cultivado en **"Fructifica".**

Recordemos también que éste será un tiempo de combate espiritual ya que se basa en la oración. En efecto, *"la oración supone un esfuerzo y una lucha contra nosotros mismos y contra las astucias del Tentador. El combate de la oración es inseparable del "combate espiritual" necesario para actuar habitualmente según el Espíritu de Cristo: Se ora como se vive porque se vive como se ora (CIC # 2752).* Mas tengamos la certeza de que Cristo nos dio la victoria ya que, *"nadie puede emprender una lucha si de antemano no confía plenamente en el triunfo. El que comienza sin confiar perdió de antemano la mitad de la batalla y entierra sus talentos. Aun con la dolorosa conciencia de las propias fragilidades, hay que seguir adelante sin declararse vencidos, y recordar lo que el Señor dijo a san Pablo: «Te basta mi gracia, porque mi fuerza se manifiesta en la debilidad»* (2 Co 12,9). **El triunfo cristiano es siempre una cruz, pero una cruz que al mismo tiempo es bandera de victoria,** *que se lleva con una ternura combativa ante los embates del mal»* (Exhortación Apostólica Evangelii Gaudium, n. 85, 24-11-2013).

Durante nuestros tiempos devocionales de **"Fructifica"** nuestra relación con Dios se fortalecerá igual que la relación de amistad entre dos personas crece cuando comparten más actividades, más secretos, más cosas en común, más tiempo de conversaciones, risas y llanto. Santa Clara de Asís dijo que: *"Él derramará sobre ti sus bendiciones y será tu defensor, tu consolador, tu redentor y tu recompensa en la eternidad."* Esta relación nos ayudará a que esa expresión de Santa Clara se haga realidad en nuestros corazones para permanecer en Su amor y así dar mucho fruto.

Preparación e Invocación solemne del Espíritu Santo

Objetivo: Glorificar a Dios invocando reverentes Su presencia majestuosa que viene a nuestro auxilio con todo Su poder.

Para prepararnos es bueno tomar las siguientes consideraciones:

1. **Procuremos estar en estado de gracia:** ¿Si no estamos en gracia como vamos a cooperar con Su vida bienaventurada? La única forma de dar fruto es permaneciendo en Su amor. Por lo tanto iniciamos obteniendo los frutos del Espíritu en forma de semilla por medio del santo Bautismo y, cuando perdemos la gracia la recuperamos por el Sacramento de la Reconciliación.

2. **Determinemos una hora fija y cumplir con ese horario:** Si intentamos realizar nuestra guía devocional en un tiempo libre de seguro nunca lo encontraremos. Necesitamos agendar, programar y respetar cada día el tiempo que utilizaremos para nuestra guía devocional. Así optimizaremos cada uno de nuestros encuentros con Dios.

3. **Elijamos un lugar fijo:** Ese lugar es bueno que no tenga interrupciones así nos ayudará a no distraernos y a no perder el tiempo buscando donde acomodarnos.

4. **Hagamos un examen de conciencia:** Un buen examen de conciencia basado en los frutos del Espíritu nos puede ayudar a identificar los frutos más deficientes. Una vez identificados estos frutos podemos procurar con intencionalidad el cultivo del mismo.

5. **Escojamos un texto con intencionalidad:** Algunos textos nos pueden ayudar mejor que otros a cultivar ciertos frutos. No obstante, no debemos perder de perspectiva que el fruto es un resultado del permanecer en Cristo por lo que la prioridad será buscar estar en gracia.

6. **Tengamos listo lo que necesitaremos:** Una Biblia, un cuaderno, un lápiz, sacapuntas, etc. Tengamos estos materiales a la mano en el lugar donde siempre hagamos nuestra guía devocional. El tener todo listo evitará distraernos. Así podremos seguir concentrados en la transformación que realiza el Espíritu en nuestra vida.

Invocación solemne del Espíritu Santo

"No se emborrachen, pues el vino lleva al libertinaje; más bien llénense del Espíritu. Intercambien salmos, himnos y cánticos espirituales. Que el Señor pueda oír el canto y la música de sus corazones." Efesios 5, 18-19

Es el momento de parar, de situarnos y de disponernos a iniciar el camino de la transformación cooperando con la gracia que se nos ha comunicado en los santos Sacramentos para fructificar pues, *"si Dios proporciona la semilla al que siembra y el pan que va a comer, les dará también a ustedes la semilla y la multiplicará, y hará crecer los brotes de sus virtudes" (2º Corintios 9, 10)*. Se trata de hacer realidad aquello que dice la Escritura: *"En cambio ustedes, muy amados, construyan su vida sobre las bases de su santísima fe, orando en el Espíritu Santo" (Judas 1, 20)*, porque es precisamente una oración en el Espíritu lo que realizaremos.

Que no nos sorprenda si nos pasa como a los apóstoles que, *"terminada la oración, tembló el lugar donde estaban reunidos. Todos quedaron llenos del Espíritu Santo y se pusieron a anunciar con valentía la Palabra de Dios" (Hechos 4, 31)*. Gloria a Dios si esto sucede.

Vamos pues, a pasar de la preocupación de las angustias y problemas que tenemos, a la ocupación de invocar la presencia maravillosa de esa promesa que muchos desearon recibir y no recibieron, pero que gracias a Cristo y la sucesión apostólica ininterrumpida en nuestra Santa Madre Iglesia, hoy está al alcance de todos los que le invocan. Recordemos que Cristo, *"después de haber sido exaltado a la derecha de Dios, ha recibido del Padre el don que había prometido, me refiero al Espíritu Santo" (Hechos 2, 33)*, y ese don se transmite en cada hermoso Sacramento.

¿Por qué pedimos algo que ya tenemos?

Pero si ya hemos recibido el don gratuito del Espíritu Santo en los Sacramentos, ¿por qué vamos a invocarlo? Esta es una muy buena pregunta, ¿para qué pedir algo que ya tenemos? Por supuesto que hemos recibido la Vida bienaventurada de Dios. Su reino esta dentro de nosotros.

Pero recordemos que la hemos recibido en su totalidad como una semilla que necesita ser cultivada hasta que crezca y alcance la estatura de Cristo. De hecho el Apóstol de los gentiles nos exhorta puntualmente a llenarnos más de Su excelsa presencia dejando bien claro que esté *"recibir"* no terminó en la recepción de los Sacramentos. Se trata más bien de un constante *"llenarnos"* y lo vemos cuando proclama: *"No os embriaguéis con vino, que es causa de libertinaje; **llenaos** más bien del Espíritu"* (Efesios 5, 18). Aquí el apóstol no le habla a personas que no están bautizadas sino a los efesios que ya habían sido regenerados en el agua y el Espíritu por el santo Bautismo. Es decir, ellos ya habían recibido el don del Espíritu y ahora se les exhorta a que se llenen mucho más de ese mismo Espíritu. Entonces, pedimos algo que ya tenemos porque Dios dispuso que así fuera. Él quiso que dependiéramos de Él para nuestro crecimiento espiritual como quiso que tuviéramos verdadera vida cooperando con la Suya.

Dejando claro que todavía podemos y debemos procurar llenarnos mucho más del Espíritu Santo, debemos confiar en que, de hecho, lo vamos a recibir nuevamente, pues el mismo Cristo nos urge al decirnos: *"Si ustedes, que son malos, saben dar cosas buenas a sus hijos, ¡cuánto más el Padre del Cielo dará Espíritu Santo a los que se lo pidan!"* (Lucas 11,13). Entonces, ¿cómo no vamos a recibir esa gracia del Espíritu si el mismo Cristo espera que nosotros lo pidamos con insistencia? El apóstol Pablo lo recalca como un modo continuo de vivir al decir: *"si ahora vivimos según el espíritu, dejémonos guiar por el Espíritu"* (Gálatas 5, 25).

Invocar y buscar la guía del Espíritu es clave para orar conforme a Su voluntad para no ser como esos que, *"quisieran tener y no tienen, entonces matan; tienen envidia y no consiguen, entonces no hay más que discusiones y peleas. Pero si ustedes no tienen es porque no piden, o si piden algo, no lo consiguen porque piden mal; y no lo consiguen porque lo derrocharían para divertirse"* (Santiago 4, 2-3). Mas si pedimos más Espíritu Santo lo recibiremos y nos traerá la fortaleza que necesitamos porque, *"somos débiles pero el Espíritu viene en nuestra ayuda. No sabemos cómo pedir ni qué pedir, pero el Espíritu lo pide por nosotros, sin palabras, como con gemidos. Y Aquel que penetra los secretos más íntimos entiende esas aspiraciones del Espíritu, pues el Espíritu quiere conseguir para los santos lo que es de Dios"* (Romanos 8, 26-27).

De todos modos, cada vez que nos acercamos a la poderosa Palabra de Dios, qué es la Biblia, debemos pedir la presencia del Espíritu Santo porque Él es quien la inspiró. Él es el autor, y sin Él, por mucha inteligencia y ciencia que tengamos, no entenderemos nada. Pero a la luz del Magisterio de la Iglesia, cooperando con la gracia recibida y poniendo los medios para ser guiados por la sabiduría en la unción del Espíritu Santo, todo será claro y transparente. Nuestra realidad es la de los hombres ciegos que deben gritar: *"¡Señor, haz que yo vea!" "¡Señor abre mis ojos y mi corazón!"*

Pedir la santa presencia del Espíritu Santo es como abrir la puerta principal de una casa. Desde ahí miramos afuera hermosos campos verdes con majestuosas flores, mariposas y una suave brisa. Este abrir la puerta es con la intención de que nos conduzca en todo lo que diremos en esta oración, confiados porque Cristo nos dijo que, *"llegada la hora, el Espíritu Santo les enseñará lo que tengan que decir" (Lucas 12, 12). "En adelante el Espíritu Santo, el Intérprete que el Padre les va a enviar en mi Nombre, les enseñará todas las cosas y les recordará todo lo que yo les he dicho" (Juan 14, 26).* Está claro que para mostrar *"todas las cosas"* no puede ser una experiencia única, sino que se trata de algo que va poco a poco.

Así podremos experimentar la obra que quiere hacer en nosotros como Isabel la experimentó al oír el saludo de la excelsa Madre de Dios, María Santísima, que ante su saludo, *"el niño dio saltos en su vientre. Isabel se llenó del Espíritu Santo y exclamó en alta voz: «¡Bendita tú eres entre las mujeres y bendito el fruto de tu vientre!" (Lucas, 1, 41-42).*

O llevándonos a profetizar como a Zacarías, pues dice la Palabra que: *"Su padre, Zacarías, lleno del Espíritu Santo, empezó a recitar estos versos proféticos: Bendito sea el Señor, Dios de Israel, porque ha visitado y redimido a su pueblo" (Lucas 1, 67-68).*

La oración cristiana, pues, tiene su origen en el Espíritu y no puede darse oración cristiana sin la acción del Espíritu Santo.

Podemos invocar al Espíritu Santo con palabras como éstas y luego seguirlo invocando espontáneamente con nuestras propias palabras que podrían ser así:

*Ven, Espíritu Santo ilumina mi mente, abre mi corazón
para encontrar en tu Palabra a Cristo, Camino, Verdad y Vida.
Ayúdame a seguir hoy, el llamado que me haces en una vida nueva,
según Su Palabra. Y ser para todos en el mundo un servidor
generoso y pacífico, un hermano y un amigo, un
discípulo misionero del Padre y del Hijo.
Amén.*

Algunas oraciones preparatorias

Ofrezco a continuación algunas oraciones que podemos complementar con la invocación del Espíritu Santo. Estas nos pueden ayudar como preparación en nuestro momento devocional de **"Fructifica"**. Pertenecen al Apéndice II del Ritual de Exorcismos. Las mismas pueden ser empleadas privadamente por los fieles en el combate espiritual de la oración contra las potestades de las tinieblas.

"Dios omnipotente, que a los abandonados los haces habitar en tu casa,
y concedes la felicidad a los cautivos, mira mi aflicción, y ven en mi auxilio,
vence al enemigo inicuo, de modo que superada la presencia del adversario,
mi libertad alcance su descanso y restituido a la tranquila devoción
pueda confesar que eres admirable y que concediste a tu pueblo la fuerza.
Por Cristo nuestro Señor. Amén."

"Dios, creador y defensor del género humano
tú formaste al hombre a tu imagen
y lo recreaste admirablemente con la gracia del Bautismo;
vuelve tu mirada sobre este siervo tuyo,
y escucha bondadosamente mis súplicas.
Te pido que brote en mi corazón el esplendor de tu gloria
para que, eliminado todo terror, miedo y temor,
sereno en mente y alma
junto a los hermanos en tu Iglesia
pueda alabarte eternamente. Amén."

"Padre Dios, autor de la misericordia y de todo amor,
que quisiste que tu Hijo sufriera por nosotros el patíbulo de la Cruz
para expulsar de nosotros el poder del enemigo,
mira atentamente mi humillación y dolor,
y mantente firme, te pido, para que a quien renovaste
en la fuente del Bautismo vencido el combate del Maligno,
lo llenes con la gracia de tu bendición.
Por Cristo, nuestro Señor. Amén."

"Señor y Dios mío, que me adoptaste por la gracia
y quisiste que fuera hijo de la luz, concédeme, te pido,
que no sea envuelto por las tinieblas de los demonios
y siempre pueda permanecer en el esplendor de la libertad recibida de ti.
Por Cristo, nuestro Señor. Amén."

Invocaciones a nuestro Señor Jesucristo

Jesús, Hijo del Dios vivo, ten misericordia de mí.

Jesús, imagen del Padre, ten misericordia de mí.

Jesús, Sabiduría eterna, ten misericordia de mí.

Jesús, esplendor de la luz eterna, ten misericordia de mí.

Jesús, Palabra de Vida, ten misericordia de mí.

Jesús, Hijo de la Virgen María, ten misericordia de mí.

Jesús, Dios y hombre, ten misericordia de mí.

Jesús, Sumo Sacerdote, ten misericordia de mí.

Jesús, heraldo del Reino de Dios, ten misericordia de mí.

Jesús, camino, verdad y vida, ten misericordia de mí.

Jesús, pan de Vida, ten misericordia de mí.

Jesús, Vida verdadera, ten misericordia de mí.

Jesús, hermano de los pobres, ten misericordia de mí.

Jesús, amigo de los pecadores, ten misericordia de mí.

Jesús, médico del alma y del cuerpo, ten misericordia de mí.

Jesús, salvación de los oprimidos, ten misericordia de mí.

Jesús, consuelo de los abandonados, ten misericordia de mí.

Tú, que viniste a este mundo, ten misericordia de mí.

Tú, que libraste a los oprimidos por el Diablo, ten misericordia de mí.

Tú, que pendiste de la Cruz, ten misericordia de mí.

Tú, que aceptaste la muerte por nosotros, ten misericordia de mí.

Tú, que yaciste en el sepulcro, ten misericordia de mí.

Tú, que descendiste a los infiernos, ten misericordia de mí.

Tú, que resucitaste de entre los muertos, ten misericordia de mí.

Tú, que ascendiste a los cielos, ten misericordia de mí.

Tú, que enviaste el Espíritu Santo a los Apóstoles, ten misericordia de mí.

Tú, que estás sentado a la derecha del Padre, ten misericordia de mí.

Tú, que has de venir a juzgar a los vivos y a los muertos,
ten misericordia de mí.

Por tu encarnación,	*líbrame, Señor.*
Por tu nacimiento,	*líbrame, Señor.*
Por tu bautismo y tu santo ayuno,	*líbrame, Señor.*
Por tu Cruz y tu Pasión,	*líbrame, Señor.*
Por tu muerte y resurrección,	*líbrame, Señor.*
Por tu admirable ascensión,	*líbrame, Señor.*
Por la efusión del Espíritu Santo,	*líbrame, Señor.*
Por tu gloriosa venida,	*líbrame, Señor.*

Sálvame, Cristo Salvador,
por la fuerza de tu Cruz + [el fiel puede signarse].
Tú que salvaste a Pedro en el mar, ten misericordia de mí.
Por el signo de la Cruz +, líbranos de nuestros enemigos,
Dios nuestro.

Por tu Cruz + sálvanos, Cristo redentor,
que muriendo destruiste nuestra muerte
y resucitando restauraste la vida

Honramos tu Cruz +, Señor.
Recordamos tu gloriosa Pasión.
Ten compasión de nosotros,
tú que padeciste por nosotros.

Te adoramos Cristo y te bendecimos,
que por tu santa Cruz + redimiste al mundo.

Invocaciones a la dichosa Virgen María

Bajo tu protección nos acogemos,
Santa Madre de Dios. No desoigas nuestras súplicas.
Antes bien líbranos de todos los peligros,
Virgen gloriosa y bendita. Consoladora de los afligidos,
ruega por nosotros. Auxilio de los cristianos,
ruega por nosotros Concédeme alabarte,
Virgen sagrada. Dame fuerza contra tus enemigos.
Madre mía, confianza mía. Virgen madre de Dios,
María, suplica a Jesús en favor mío.

Invocación a san Miguel Arcángel

San Miguel Arcángel,
defiéndenos en la batalla. Sé nuestro amparo contra la perversidad
y asechanza del demonio. Reprímale Dios, pedimos suplicantes,
y tú príncipe de la milicia celestial arroja al infierno con el divino poder a
Satanás y a los otros espíritus malignos que andan dispersos por el mundo
para la perdición de las almas. Amén.

(Aunque no es obligación, se puede continuar con gran provecho la práctica
de rezar esta oración después de la Santa Misa como se hacía antes del
Conc. Vat. II.)

1° Paso: Atender a Su Palabra (La Palabra Atendida)

Objetivo: Glorificar a Dios atendiendo con mucho interés a Su Palabra para que nos siga transformando con lo que muestra y contra las tentaciones del enemigo.

Combate espiritual: Contra las tentaciones de los demonios en especial la **indiferencia.**

Pregunta base: ¿Qué dice el texto bíblico?

"Tengo otras ovejas que no son de este corral. A esas también las llevaré; escucharán mi voz, y habrá un solo rebaño con un solo pastor." Juan 10, 16

La escucha de la Palabra es una **actitud de humildad** donde inclinamos el oído del corazón antes que el de nuestra razón. Pero, no basta solo con escuchar, pues el maligno arrebató lo escuchado por no mostrar interés. Si queremos retener lo escuchado, debemos atender con gran interés. Además, recordemos que aun cuando está escrito que, *"la Palabra de Dios permanece en ustedes y ya han vencido al Maligno"* (1° Juan 2, 14), también dice que, *"cuando uno oye la palabra del Reino y no la interioriza, viene el Maligno y le arrebata lo que fue sembrado en su corazón"* (Mateo 13, 19).

Escuchar con mucho interés es la primera y más importante actitud para fructificar.

Al escuchar con interés nace la fe que necesitamos pues, *"sin la fe es imposible agradarle, pues nadie se acerca a Dios si antes no cree que existe y que recompensa a los que lo buscan"* (Hebreos 11, 6). La fe viene por el escuchar la proclamación viva de la Palabra de Dios. Así lo atestigua el apóstol al decir: *"Así, pues, la fe nace de una proclamación, y lo que se proclama es el mensaje cristiano"* (Romanos 10, 17).

Este primer paso conlleva lo siguiente:

1. Consideraciones:
    a. Uso de los sacramentales
    b. Ayunar
    c. Asumir una postura corporal que refleje atención
    d. Dar gracias a Dios anticipadas ante la Biblia por lo que hará Su Palabra.
    e. Bendecir a Dios por alguna Palabra que haya sido provechosa para nosotros en el pasado.
    f. Recordar la promesa de Lucas 11, 28, *"¡Felices, pues, los que escuchan la palabra de Dios y la observan!"*

2. Proclamar Su Palabra varias veces

Antes de comenzar con el segundo paso es imperativo tener algunas consideraciones previas ya que este combate espiritual es en contra de las tentaciones de los demonios y la indiferencia.

Considera el auxilio de los sacramentales

Los sacramentales son sumamente eficaces para ayudarnos a rechazar las tentaciones. La Iglesia, con el poder que ha recibido de Cristo, puede unir un efecto espiritual a un objeto. En efecto, *"los Sacramentales no confieren la gracia del Espíritu Santo a la manera de los sacramentos, pero por la oración de la Iglesia preparan a recibirla y disponen a cooperar con a ella"* (CIC #1970). El objeto es transformado porque al ser bendecido, con el poder sacerdotal, se ha unido a esa materia un poder espiritual, el poder que Cristo ganó con sus sufrimientos en la Cruz.

Así que para auxiliarnos es muy saludable tener en este espacio algunos **Sacramentales** como por ejemplo:

1. **Santiguarse con agua bendita:** Esto tiene un triple efecto: Atrae la gracia divina, purifica el alma y si que aleja los demonios. Aunque la cruz es invisible para nosotros, para ellos esa cruz con agua bendita es como de fuego.
2. **Tener reliquias de santos:** Las reliquias de los santos ayudan a ahuyentar los demonios porque están llenas de la unción espiritual de esos santos.
3. **Tener un crucifijo bendecido:** Un crucifijo les atormenta porque les recuerda su derrota en el Calvario, el triunfo de Dios y que Él los juzgará en el juicio final.
4. **Tener imágenes religiosas bendecidas:** Las imágenes religiosas también les atormentan porque les recuerdan sus fracasos.

Considera el auxilio de ayunar

El ayuno es otra forma de expresar nuestro rechazo a las tentaciones. La Palabra nos presenta una muestra del poder que tiene la abstinencia cuando se une a la oración cuando el mismo Jesús les dice a sus discípulos, *"esta clase de demonios sólo se puede expulsar con la oración y el ayuno"* (Mateo 17, 21). Además, del poder que tiene en relación a la expulsión de los demonios, esta práctica penitencial nos ofrece poder para resistir la tentación, pues Jesús orando y ayunando se preparó a su misión, cuyo inicio fue un duro enfrentamiento con el tentador.

El Papa San Juan Pablo II incluyó el ayuno como una de las herramientas eficaces que tenemos para el combate espiritual al decirnos: *"La Iglesia, experta maestra de humanidad y de santidad, nos indica instrumentos antiguos y siempre nuevos para el combate diario contra las sugestiones del mal: son la oración, los sacramentos, la penitencia, la escucha atenta de la palabra de Dios, la vigilancia y el ayuno"* (Ángelus, 17-2-2002). En adición, el ayuno nos permite expresar nuestro pesar por los pecados cometidos y reparar las lágrimas causadas por nuestro pecar.

El ayuno nos entrena con la renuncia a cosas buenas, para en su momento poder rechazar las malas. De esta manera nos introduce en un equilibrio necesario. Paradójicamente, nos damos un banquete ayunando: un banquete con los valores espirituales que guían en respuesta a las obras del Espíritu Santo.

También, la privación voluntaria del alimento logra una acción misteriosa, que nos permite abrirnos de una manera particular a la gracia y a la presencia de Dios cuando ofrecemos este sacrificio. El mismo Cristo anticipa que quien lo sigue ayunará, pues en casa de Leví, dijo que sus discípulos, una vez que Él partiera, *"entonces ayunarán"*(Lucas 5, 35). Por lo tanto, la incomodidad producida por el ayuno periódico, unido a la oración que realizaremos, nos ayudará en este combate contra el maligno.

Considera fijar el fruto a cultivar

El demonio tiene una intencionalidad muy específica cuando nos tienta y San Ignacio de Loyola en sus Ejercicios Espirituales, nos advierte sobre esta forma de actuar del enemigo de las almas:

14ª regla: "Se comporta como un caudillo para conquistar y robar lo que desea; porque así como un capitán y caudillo de un ejército en campaña, asentando su campamento y mirando las fuerzas o disposiciones de un castillo le combate por la parte más débil, de la misma manera el enemigo de la naturaleza humana, rodeando mira en torno todas nuestras virtudes teologales, cardinales y morales. Y por donde nos haya más débiles y más necesitados para nuestra salvación eterna, por allí nos combate y procura tomarnos."

Nosotros podemos actuar en el sentido contrario y comenzar por preguntarle al Espíritu, ¿qué fruto necesito evidenciar más? Una vez definido el fruto a cultivar ofrecemos este tiempo de oración con ese fruto en mente. El ofrecimiento nos dispone desde el primer momento a escuchar y atender las innumerables inspiraciones y mociones del Espíritu

Santo entorno a lo que tenemos que renunciar para cultivar un fruto específico del Espíritu Santo. Este ofrecimiento nos ayuda a poner intencionalidad en el proceso que vamos a llevar. Cuando ofrecemos nuestro momento de oración fijamos nuestra meta, de la misma manera que la brújula señala al Norte. Este ofrecimiento es un acto de piedad que nos orienta desde el comienzo a consagrar al Señor el nacimiento y principio de nuestros pensamientos. Ahora, la pregunta que debemos hacerle al Espíritu Santo es:

¿Qué fruto necesito evidenciar más?

Luego, podemos decir: Espíritu Santo te ofrezco este tiempo de oración con la intención de que hagas fructificar más en mí el fruto de... (caridad, gozo, paz, paciencia, benignidad, bondad, longanimidad, mansedumbre, fe, modestia, continencia, castidad)

Tablas de frutos y Lecturas Bíblicas

Si es posible, el texto a utilizar debe estar relacionado al fruto que vamos a cultivar. A continuación te ofrezco una lista más completa para que escojas una lectura por cada fruto. El objetivo inicial es lograr completar doce días a razón de un fruto diario solamente. Luego podemos continuar profundizando a discreción con más Lecturas.

1 Caridad

Juan 15, 7-11	Romanos 12, 5-11	Mateo 22, 33-40
Juan 15, 12-17	Romanos 13, 1-10	Efesios 3, 14-21
Juan 21, 15-22	Efesios 4, 1-8	1 Corintios 13
Colosenses 3, 9-17	1 Juan 4, 7-21	1 Pedro 4, 7-11

2 Gozo

Salmo 16, 7-11	1 Tesa... 5, 16-24	Isaías 61, 10-11
Salmo 118, 24-29	2 Corintios 9, 6-11	Sofonías 3, 14-17
Salmo 119, 111-118	Filipenses 4, 4-9	Habacuc 3, 16-19
Romanos 12, 12-21	1 Pedro 1, 8-12	Juan 16, 23-28

3 Paz

Juan 14, 27-31	2 Tesa... 3, 10-16	Santiago 3, 13-18
Juan 16, 29-33	Hebreos 12, 11-17	Salmo 34, 2-11
1 Pedro 3, 8-12	Romanos 8, 5-17	Números 6, 22-27
Isaías 52, 7-12	Efesios 2, 14-17	Isaías 26, 1-6

4 Paciencia

Romanos 5, 1-11	Romanos 8, 24-27	Romanos 15, 1-6
Colosenses 2, 2-13	Mateo 11, 24-30	Mateo 18, 8-20
2 Timoteo 4, 1-5	Sirácides (Ecle) 2, 1-17	2º Pedro 1, 1-14
Santiago 5, 7-20	Eclesiastés 5, 9-15	Salmo 37, 1-8

5 Benignidad

Lucas 1, 39-45	Lucas 19, 1-10	Mateo 6, 9-15
Lucas 6, 27-34	Lucas 19, 36-48	Lucas 15, 11-32
Lucas 18, 9-17	Santiago 3, 1-18	Mateo 20, 17-28
Mateo 9, 1-8	1º Corintios 2, 1-16	Salmo 126, 1-6

6 Bondad

Mateo 5, 13-16	Lucas 1, 46-56	Marcos 3, 1-6
Mateo 6, 1-8	Lucas 2, 27-35	Santiago, 2, 1-13
Mateo 7, 24-29	Lucas 15, 1-10	Colosenses 1, 9-19
Mateo 20, 1-16	Lucas 17, 11-21	Proverbios 3, 1-8

7 Longanimidad

Lucas 5, 1-11	Lucas 18, 1-8	Lucas 18, 18-30
Mateo 15, 22-28	Gálatas 1, 3-17	Gálatas 6, 8-18
Hebreos 6, 15-20	Hebreos 10, 25-39	Hebreos 11, 1-13
Santiago 1, 2-15	Colosenses 1, 19-29	Proverbios 25, 15-28

8 Mansedumbre

Mateo 5, 1-12	Lucas 17, 1-10	Santiago 4, 1-17
Mateo 5, 21-26	Lucas 18, 31-43	Santiago 2, 14-26
Mateo 15, 29-39	Mateo 5, 38-48	Eclesiástico 28, 1-7
Mateo 18, 21-35	Mateo 7, 1-5	Marcos 15, 20-32

9 Fidelidad

Mateo 6, 19-23	Lucas 16, 1-13	Hechos 3, 1-29
Mateo 14, 22-36	Lucas 19, 11-28	2º Timoteo 1, 6-14
Mateo 17, 14-21	Gálatas 3, 1-14	Jeremías 17, 7-14
1 Juan 5, 1-6	1 Pedro 5, 6-11	Proverbios 3, 1-8

10 Modestia

Romanos 3, 11-21	Hebreos 2, 1-18	Mateo 8, 5-13
Romanos 11, 16-22	Hebreos 3, 12-19	Marcos 7, 5-8
Romanos 14, 1-9	Mateo 6, 24-26	Marcos 14, 3-9
Hebreos 1, 1-14	Mateo 7, 15-20	Filipenses 3, 1-14

11 Continencia

Mateo 5, 33-37	Lucas 4, 1-4	Romanos 7, 1-6
Mateo 17, 1-13	Santiago 1, 16-27	Romanos 10, 13-21
Mateo 18, 1-7	Romanos 2, 1-11	Romanos 14, 13-23
Lucas 3, 3-11	Romanos 6, 2-11	Proverbios 12, 26-31

12 Castidad

Mateo 5, 27-32	Mateo 15, 1-20	Romanos 1, 16-32
Mateo 9, 23-27	Mateo 19, 1-12	Romanos 2, 17-29
Marcos 10, 1-12	Lucas 16, 15-31	Romanos 6, 12-23
Hebreos 13, 1-9	Colosenses 2, 14-23	2º Pedro, 2, 9-22

13 Todos los frutos

Juan 3, 16-21	Lucas 6, 35-42	2 Crónicas 6, 11-14
Mateo 10, 24-30	Lucas 11, 42-48	Jeremías 1, 4-10
Mateo 11, 25-30	Gálatas 5, 13-26	Josué 6, 1-5
Hechos 4, 23-31	Isaías 43, 1-5	Ezequiel 36, 24-30

Consideraciones adicionales

Luego de haber considerado emplear sacramentales, ayunar, fijar el fruto a cultivar y escoger el texto sagrado a utilizar, este enfrentamiento espiritual lo vamos a expresar mostrando **interés** a Su palabra, pues el interés es lo contrario a la **indiferencia**.

Para mostrar interés por Su Palabra es necesario estar consciente del increíble poder que Dios ha otorgado a Su Palabra. En Su querer, ha decidido realizar la obra más impresionante que la humanidad haya conocido por medio de Su Palabra. Pues, Cristo ha querido que encontremos la verdadera libertad por medio de Su poderosa Palabra al decir: *"Ustedes serán verdaderos discípulos míos si perseveran en mi palabra; entonces conocerán la verdad, y la verdad los hará libres"* (Juan, 8, 31-32). Ese poder no es en vano pues la Palabra viene a actuar, pues Él mismo ha dicho: *"Así será la palabra que salga de mi boca. No volverá a mí con las manos vacías sino después de haber hecho lo que yo quería, y haber llevado a cabo lo que le encargué"* (Isaías 55,11).

Recordemos que todo fue hecho por Su Palabra cuando, *"dijo Dios: «Haya luz», y hubo luz"* (Génesis 1, 3), y Jesús vino a confirmarlo con Su mensaje al proclamar: *"Pasarán el cielo y la tierra, pero mis palabras no pasarán"* (Mateo 24, 35). En efecto, *"la hierba se seca y la flor se marchita, mas la palabra de nuestro Dios permanece para siempre"* (Isaías 40, 8).

Lo más increíble es que la **transformación** que el Creador quiere realizar en nosotros la quiere hacer por medio de Su Palabra. Jesús lo evidencia al decir: *"Ustedes ya están limpios gracias a la palabra que les he anunciado" (Juan 15, 3)*. Quiere decir que la Palabra cuando es proclamada tiene un poder purificador que nos limpia. Cuando proclamamos Su Palabra ocurre una transformación gloriosa. Cuando proclamamos Su Palabra grandes cosas suceden pues Su Palabra viene del Creador y debemos entender que, *"Él es el resplandor de la Gloria de Dios y en él expresó Dios lo que es en sí mismo. El, cuya palabra poderosa mantiene el universo, también es el que purificó al mundo de sus pecados, y luego se sentó en los cielos, a la derecha del Dios de majestad" (Hebreos 1, 3)*.

Por eso nos urge mostrar una profunda reverencia a la poderosa Palabra de Dios que, *"es viva y eficaz, más penetrante que espada de doble filo, y penetra hasta donde se dividen el alma y el espíritu, los huesos y los tuétanos, haciendo un discernimiento de los deseos y los pensamientos más íntimos. No hay criatura a la que su luz no pueda penetrar; todo queda desnudo y al descubierto a los ojos de aquél al que rendiremos cuentas" (Hebreos 4, 12-13)*.

Para incrementar nuestro interés por la Palabra podemos:

1. Asumir una postura corporal que refleje nuestra atención a la Palabra.
2. Darle gracias a Dios anticipadas por lo que hará Su Palabra en este momento de oración.
3. Bendecirlo en particular por alguna Palabra que te ha sido de bendición en el pasado.
4. Recordar la promesa de Lucas 11, 28: *"¡Felices, pues, los que escuchan la palabra de Dios y la observan!"*

Proclamación de la Palabra

Recordemos que el objetivo en este primer paso es glorificar a Dios atendiendo a Su Palabra con mucho interés y todo el ser, para que nos transforme con lo que muestra. Entonces, para esta primera proclamación viva y eficaz de la Sagrada Escritura podemos acudir a los instrumentos necesarios para entender el sentido del texto *(diccionarios, comentarios, introducciones)*. Nos fijamos en las palabras usadas en el texto: los verbos, sujetos, adjetivos, etc.; pues buscamos poner mucha atención a lo que dice la Palabra de Dios, su sentido literal; que es el que está contenido en la letra de la Escritura, el que Dios transmite por medio del autor humano. **Lo que buscamos es una "comunión" entre nosotros y la Palabra**, no el significado que nosotros añadimos, interpretamos o aplicamos. Recordemos que Dios nos dice: *"Mira que estoy a la puerta y llamo: si alguno escucha mi voz y me abre, entraré en su casa y comeré con él y él conmigo" (Apocalipsis 3, 20).* Nuestro objetivo es la unción no sólo el conocimiento de datos y de hechos. Por eso debemos tener en cuenta la búsqueda activa de la presencia de Dios al proclamar la Sagrada Escritura.

Pongamos todo nuestro empeño en realizar la lectura con todo nuestro ser. Con el cuerpo, pronunciamos las palabras con los labios; y con la memoria las fijamos en la inteligencia hasta comprender su sentido. Nuestra actitud la podemos resumir en esta frase: ***"Habla, Señor, que tu siervo escucha..."***

Sabemos que esta proclamación de la Palabra puede producir manifestaciones pues en la Escritura se evidencia cuando, *"todavía estaba hablando Pedro, cuando el Espíritu Santo bajó sobre todos los que escuchaban la Palabra" (Hechos 10, 44).* También le sucedió en otra ocasión pues Pedro dice: *"Apenas había comenzado yo a hablar, cuando el Espíritu Santo bajó sobre ellos, como había bajado al principio sobre nosotros" (Hechos 11, 15).* De haber alguna manifestación que el Espíritu Santo desee mostrar mientras proclamamos y escuchamos Su Palabra, estemos preparados para recibirla con generosa humildad.

2° Paso: "Aplicar" Su Palabra (La Palabra Aplicada)

Objetivo: Glorificar a Dios aplicándonos con fe Su Palabra para vencer los deseos de la carne.

Combate espiritual: Contra las tentaciones de la carne en especial la superficialidad

Pregunta base: ¿Qué me dice el texto bíblico?

"Por eso debemos prestar más atención al mensaje que escuchamos, no sea que vayamos a la deriva." Hebreos 2, 1

Luego de glorificar a Dios mostrando mucho interés a Su Palabra, nos toca glorificarlo al profundizar mucho más en ella. Cuando buscamos poner más atención a Su mensaje le damos Gloria al Padre porque vamos más allá en el texto que nos dice: *"Abre tus oídos, escucha mis palabras, pon atención a mis enseñanzas" (Proverbios 22, 17).*

En este momento permitimos que la Palabra haga tienda en nuestra alma repasándola profunda y detenidamente. Quizás nos acaricie, nos aconseje o hasta nos hiera, pero alguna transformación desea hacer en nosotros para mejorar, puesto que siempre hay espacio para crecer. Es aquí que la masticamos moviéndonos a dejar de un lado las inquietudes de la mente para dejar emerger las inquietudes del corazón. Se trata de rumiar la Palabra hasta que el texto resuene en nosotros en un modo nuevo. Así podemos sacar de la Escritura cosas nuevas y viejas. Es como hacemos eco del rugido de un león, la Palabra potente de nuestro Dios.

No es el momento de hacer una reflexión intelectual sobre lo leído. Tampoco para extraer del Texto verdades de fe o conclusiones morales.

No se trata de analizarla con la cabeza, sino de dejar que vaya calando en el corazón como el suave rocío de la mañana para ver donde necesitamos crecer más.

Es traerla otra vez a los labios para hacerla más presente como alimento y bebida para nosotros. Recordemos que el objetivo de Su Palabra, en este tiempo de oración, es aplicarla con fe para vencer los deseos de la carne. **Así el Espíritu hará una transformación profunda en nosotros.** Debido a esto, necesitamos aplicarla de manera consciente a nuestra vida para ir descubriendo más cuál es Su voluntad específica en nosotros. Se trata de actualizar la Palabra en nuestras vidas para asimilar mejor la maduración que el Espíritu desea continuar en nosotros. Aquí en esta etapa, la Palabra nos cuestiona, nos confronta y nos abre al proyecto divino, rompiendo todo proyecto egocéntrico que tengamos. Por ello es **un proceso de conversión en el amor** donde interpretamos y re interpretamos la realidad desde la Palabra. Es un continuo preguntarnos por lo que va emergiendo a lo largo de todo el proceso de **"Fructifica"**.

Este segundo paso conlleva:
1. Repasar Su Palabra profunda y detenidamente.
2. Aplicar con fe Su Palabra contestando estas preguntas:
   a. ¿De qué pecados me necesito arrepentir?
   b. ¿A qué inclinaciones de la carne necesito renunciar?
   c. ¿Qué frutos necesito evidenciar?
   d. ¿A qué mentiras necesito renunciar?
   e. ¿Qué verdad necesito proclamar?

¿De qué pecados me necesito arrepentir?

Una vez repasamos Su Palabra profunda y detenidamente nos toca actualizarla en nosotros. Ya el Espíritu sabe adónde podemos mejorar, así que de nada sirve que le ocultemos nuestras faltas. Hacer eso es pretender forzar el fruto del Espíritu a fuerza de controlarnos o tratar de ser mejores. Eso es una total pérdida de tiempo, pues no se puede adquirir el fruto del Espíritu de esta manera.

Por eso en este paso necesitamos aplicar Su Palabra de manera que nos lleve a reconocer nuestro pecado porque, *"si confesamos nuestros pecados, él, que es fiel y justo, nos perdonará nuestros pecados y nos limpiará de toda maldad"* (1° Juan 1, 9). Quizás aquella mirada de nuestros padres acompañada de: *"¿Qué hiciste?"* nos puede ayudar a reconocer nuestro error, pero recordemos que ante todo el rostro de Dios es misericordia y siempre está dispuesto a derramar su compasión a todo aquel que en serio se humilla reconociendo su error. Permitamos que el Espíritu a través de las Escrituras nos ayude a reconocer nuestras faltas y debilidades para que expresemos cómo en realidad nos sentimos. Pudiéramos equivocarnos culpándonos de cosas de las que no tenemos responsabilidad como la mala decisión de otra persona. O al no sentirnos culpables por hacer algo que en realidad está mal. Por eso es tan importante la guía del Espíritu para que comprendamos la verdad del asunto y nos ayude a despejar todas las telarañas en nuestras cabezas.

Nuestra oración de arrepentimiento bien pudiera comenzar de la siguiente manera:

- Espíritu Santo, ¿de qué pecados me necesito arrepentir?
- Espíritu Santo perdóname por...
- Espíritu Santo ten misericordia de mí porque...
- Espíritu Santo me pesa mucho haberte ofendido...

¿A qué inclinaciones de la carne necesito renunciar y qué frutos necesito evidenciar?

Cuando proclamemos Su Palabra en este segundo paso lo hacemos con la fe de que es verdadero alimento para nosotros. Aquello que aplicó para el pueblo de Israel, también aplica para nosotros cuando dice: *"Te hizo pasar necesidad, te hizo pasar hambre, y luego te dio a comer maná que ni tú ni tus padres habían conocido. Quería enseñarte que **no sólo de pan vive el hombre,** sino que todo lo que sale de la boca de Dios es vida para el hombre"* (Deuteronomio 8, 3), y que luego Jesús confirma al decir: *"Dice la Escritura: **El hombre no vive solamente de pan,** sino de toda palabra que sale de la boca de Dios"* (Mateo 4,4). Más allá de nuestras necesidades físicas tenemos una más profunda, **el hambre de la Palabra de Dios.**

Así que volvamos a leer la Escritura con la certeza de que Su Palabra sacia el apetito más importante en nuestra vida, es que nos adentramos ahora a saciar nuestra hambre por Su Palabra. Recordemos que el Espíritu Santo es fuerte y que la carne es débil, por lo que al alimentar más nuestro espíritu, con el Espíritu, nos hacemos más fuertes.

No es fácil renunciar a la comodidad de la carne, a las metas que nos proponemos, a los objetivos que nos marcamos, a las cosas que nos dan seguridad. Renunciar implica dejar de un lado algo que nos pertenece y que no necesitamos. Lo importante es detenernos e ir desprendiéndonos de lo que estorba con una visión diferente, la visión de Cristo.

Al volver a proclamar Su Palabra identifiquemos qué inclinaciones de la carne necesitamos hacer morir pues, *"el Espíritu es nuestra Vida": cuanto más renunciamos a nosotros mismos (cf. Mt 16, 24-26), más "obramos también según el Espíritu" (Ga 5, 25) (CIC #736)*. Intentamos, con Su Palabra, renunciar a inclinaciones específicas para luego fructificar.

A manera de ejemplo podemos decir:

- *En tu nombre Jesús yo renuncio a todo el egoísmo que tengo en mi corazón. Te entrego esos pensamientos de creer que por trabajar todo lo que gano es mío cuando en realidad es tuyo. Yo renuncio a pensar que me merezco las cosas cuando en realidad el mérito es tuyo mi Señor. Todo cuanto tengo te pertenece mi Señor. En oposición recibo tu amor para compartirlo con generosidad a los demás. Recibo tu compasión para obrar con más caridad.*

- *¡Espíritu Santo, concédeme la gracia de aprender a estar siempre en tu presencia Dios, para reconocer mi condición de pecador y mi incapacidad para renunciar a aquello en lo que me acomodo! ¡Crea en mi corazón un espíritu de entrega, de servicio, de generosidad, de renuncia! Con tu ayuda yo renuncio al pecado, a la ofuscación de la verdad que me lleva a cometer pecado; en especial al egoísmo que me impide amar al prójimo; a la soberbia, que me impide vivir en humildad y servicio ¡Yo renuncio, a no vivir condicionado por la envidia, la avaricia, la sensualidad y la pereza! ¡No permitas, Señor, que me crea un dios en minúsculas! ¡Espíritu Santo, que toda mi mente, mi corazón, mi fuerza y mi voluntad estén siempre dispuestas a hacer tu voluntad! Aquí te presento mi corazón para que lo llenes de (caridad, gozo, paz, paciencia, benignidad, bondad, longanimidad, mansedumbre, fe, modestia, continencia, castidad).*

Como referencia, podemos usar la siguiente tabla para identificar algunas inclinaciones de la carne en relación al fruto a cultivar. Es importante notar que estas inclinaciones no siempre son pecaminosas en sí mismas, pero persistir en ellas nos aleja de los frutos que el Espíritu desea producir más en nosotros. Por ejemplo, la tristeza es un sentimiento que no es pecado, pero persistir en ella, nos aleja del fruto del gozo.

Frutos del Espíritu	Inclinaciones de la carne
Caridad	Odio, Resentimiento, Iras, Envidias, Celos, Repugnancia, Egoísmo.
Gozo	Tristeza, Amargura, Pena, Aburrimiento, Pesimismo, Fastidio, Pesar.
Paz	Desesperación, Pleitos, Contiendas, Enemistades, Guerra, Intranquilidad, Discordia.
Paciencia	Impaciencia, Desesperación, Desasosiego, Rebeldía, Intranquilidad, Disconformidad, Intolerancia, Inflexibilidad.
Benignidad	Descortesía, hipocresía, Impertinencia, Imprudencia, Temeridad, Irresponsabilidad, Descuido, Negligencia, Necedad, Insensibilidad, Aspereza, Torpeza, Indiscreción.
Bondad	Homicidios, Maldad, Perversidad, Incredulidad, Malicia, Grosería, Rudeza, Antipatía
Longanimidad	Pereza, Desánimo, Inconstancia, Dejadez, Inseguridad, Indecisión, Descuido, Abandono, Negligencia, Pereza, Desgano, Desinterés, Apatía, Desidia, Incuria, Indolencia, Vagancia, Descuido, Despreocupación.
Mansedumbre	Violencia, Ira, Molestia, Crueldad, Furor, Profanación, Ferocidad, Agresión, Arrebato, Brusquedad, Violación, Dureza, Atropello, Disgusto, Tirantez, Tensión, Furia.
Fe	Idolatría, Hechicerías, Deslealtad, Infidelidad, Recelo, Herejías, Traición, Hipocresía, Incredulidad, Sospecha, Inseguridad, Desconfianza, Escepticismo, Miedo, Duda
Modestia	Borracheras, Abusos, excesos, Presunción, rebeldía Ostentación, Orgullo, Soberbia, Jactancia, Vanagloria, Fanfarronería, Altanería, Vanidad, Rebeldía, vanidad.
Continencia	Lascivia, Descontrol, Desenfreno, Intemperancia, Vicio, Desorden, Abuso, Exceso.
Castidad	Adulterio, fornicación, inmundicia, orgías, impureza, Inmoralidad, lujuria, sensualidad, obscenidad, erotismo, pornografía, indecencia, masturbación, actividad homosexual.

¿A qué mentiras necesito renunciar y qué verdad necesito proclamar?

Una vez expresamos nuestro profundo arrepentimiento, podemos verificar si al aplicar Su Palabra a nuestra vida, nos damos cuenta que necesitamos reemplazar alguna mentira con Su Palabra. Tomemos un momento para ver si el ejercicio de alguna mentira nos está privando de fructificar.

A manera de ejemplo podemos decir:

- En tu nombre Jesús renuncio y me libero de toda esclavitud o lazo que tenga sobre mí la mentira de pensar que estoy solo cuando la realidad es que Tú nunca me abandonas.
- "En el nombre del Señor Jesucristo, ahora renuncio de enfermedad física o mental sobre mí, mi familia o línea familiar como resultado de mis padres o de cualquier otro antepasado. Nunca he estado solo porque siempre me has acompañado. Yo acepto la verdad que me has revelado, que es promesa viva, y que se encuentra en Josué 1, 5b, donde me prometes: *Estaré contigo como lo estuve con Moisés; no te dejaré ni te abandonaré.* Gracias Señor, por librarme y traerme a la realidad con Tu verdad. Bendito seas por siempre mi Señor.

Mentiras a reemplazar con la Palabra de Dios

Mentiras a renunciar	Verdad a proclamar
Estoy solo	*"Estaré contigo como lo estuve con Moisés; no te dejaré ni te abandonaré." Josué 1, 5b*
Es que soy muy joven	*"No me digas que eres un muchacho. Irás adondequiera que te envíe, y proclamarás todo lo que yo te mande." Jeremías 1, 7*
Es que soy muy viejo	*"Aún en la vejez tendrán sus frutos pues aún están verdes y floridos, para anunciar cuán justo es el Señor: Él es mi Roca, en él no existe falla." Salmo 92, 15*
Mi tiempo ya pasó	*"Hasta su vejez yo seré el mismo, y los apoyaré hasta que sus cabellos se pongan blancos. He cargado con ustedes, y seguiré haciéndolo, los sostendré y los libertaré." Isaías 46, 4*

No tengo quien me ayude	"Yo rogaré al Padre y les dará otro Protector que permanecerá siempre con ustedes, el Espíritu de Verdad, a quien el mundo no puede recibir, porque no lo ve ni lo conoce. Pero ustedes lo conocen, porque está con ustedes y permanecerá en ustedes." Juan 14, 16-17
No valgo lo suficiente	"En él y por su sangre fuimos rescatados, y se nos dio el perdón de los pecados, fruto de su generosidad inmensa." Efesios 1, 7
No tengo lo suficiente	"Te basta mi gracia; mi mayor fuerza se manifiesta en la debilidad." 2º Corintios 12, 9a
Dios me está castigando	"Como el oriente está lejos del occidente así aleja de nosotros nuestras culpas." Salmo 103, 12
Esta prueba es insoportable	"Dios es fiel y no permitirá que sean tentados por encima de sus fuerzas. En el momento de la tentación les dará fuerza para superarla." 1º Corintios 10, 13b
Esta crisis no acabará nunca	"Dios, de quien procede toda gracia, los ha llamado en Cristo para que compartan su gloria eterna, y ahora deja que sufran por un tiempo con el fin de amoldarlos, afirmarlos, hacerlos fuertes y ponerlos en su lugar definitivo." 1º Pedro 5, 10
Nunca tendré paz	"Les he hablado de estas cosas para que tengan paz en mí. Ustedes encontrarán la persecución en el mundo. Pero, ánimo, yo he vencido al mundo." Juan 16, 33
No puedo	"Todo lo puedo en aquel que me fortalece." Filipenses 4, 13
Nadie me escucha	"A ti clamo en el día de mi angustia, y tú me responderás." Salmo 86, 7
Nadie se interesa en mí	"Llámame y te responderé; te mostraré cosas grandes y secretas que tú ignoras." Jeremías 33, 3
Ya no puedo seguir	"Vengan a mí los que van cansados, llevando pesadas cargas, y yo los aliviaré." Mateo 11, 28
Mis problemas no acabarán	"No se pueden equiparar esas ligeras pruebas que pasan aprisa con el valor formidable de la gloria eterna que se nos está preparando." 2º Corintios 4, 17

Ya nada importa	*"El Señor me librará de todo mal y me salvará, llevándome a su reino celestial. A él la gloria por los siglos de los siglos. Amén." 2° Timoteo 4, 18*
Todo me sale mal	*"También sabemos que Dios dispone todas las cosas para bien de los que lo aman, a quienes él ha escogido y llamado." Romanos 8, 28*
Nadie me quiere	*"Con amor eterno te he amado, por eso prolongaré mi cariño hacia ti." Jeremías 31, 3*
Ya no puedo más	*"Yavé, que es mi Señor, es mi fuerza él da a mis pies la agilidad de un ciervo y me hace caminar por las alturas." Habacuc 3, 19*
Todo está en mi contra	*"Yo estoy con ustedes todos los días hasta el fin de la historia." Mateo 28, 20b*
Ya no hay remedio	*"Sean valientes y firmes, no teman ni se asusten ante ellos, porque Yavé, tu Dios, está contigo; no te dejará ni te abandonará." Deuteronomio 31, 6*
Nunca lo voy a conseguir	*"No temas, porque hay más gente con nosotros que con ellos." 2 Reyes 6, 16*
Todo es muy complicado	*"Mi yugo es suave y mi carga liviana." Mateo 11, 30*
No hay nada más que hacer	*"Ellos te declararán la guerra, pero no podrán vencerte, pues yo estoy contigo para ampararte -palabra de Yavé-.» " Jeremías 1, 19*
No hago nada bien	*"Si el bueno cae, no se queda en tierra, porque el Señor lo tiene de la mano." Salmo 37, 24*
No puedo cambiar	*"Para los hombres es imposible, pero para Dios todo es posible." Mateo 19, 26*
No sé hablar	*"Anda ya, que yo estaré en tu boca y te enseñaré lo que has de hablar." Éxodo 4, 13*
Es imposible	*"Para Dios, nada es imposible." Lucas 1, 37*
No soy capaz	*"Todo es posible para el que cree." Marcos 9, 23b*
Mi opinión no importa	*"Fíjense en las aves del cielo: no siembran, ni cosechan, no guardan alimentos en graneros, y sin embargo el Padre del Cielo, el Padre de ustedes, las alimenta. ¿No valen ustedes mucho más que las aves?" Mateo 6, 26*
Todo me sale mal	*"Levántate y brilla, que ha llegado tu luz y la Gloria de Yavé amaneció sobre ti." Isaías 60, 1*

No soy tan bueno como otros	*"Porque tú vales mucho a mis ojos, yo doy a cambio tuyo vidas humanas; por ti entregaría pueblos, porque te amo y eres importante para mí."* Isaías 43, 4
Ya no importan mis deseos	*"Pon tu alegría en el Señor, él te dará lo que ansió tu corazón." Salmo 37, 4*
Nadie me ama	*"Si me abandonaran mi padre y mi madre, me acogería el Señor." Salmo 27, 10*
No lo lograré	*"El Señor es mi luz y mi salvación, ¿a quién he de temer? Amparo de mi vida es el Señor, ¿ante quién temblaré?" Salmo 27, 1*
Nadie me ayuda	*"Invócame en el día de la angustia, te libraré y tú me darás gloria." Salmo 50, 15*

3° Paso: <u>Anteponer</u> Su Palabra *(La Palabra Antepuesta)*

Objetivo: Glorificar a Dios anteponiendo Su Palabra frente a mis preocupaciones, deseos y tentaciones del mundo.

Combate espiritual: Contra las tentaciones del mundo y en especial la postergación.

Pregunta base: ¿Cómo me pide el texto bíblico que lo priorice?

"A consecuencia de esto creemos más firmemente en el mensaje de los profetas, y deben tenerlo como una lámpara que luce en un lugar oscuro, hasta que se levante el día y el lucero de la mañana brille en sus corazones." 2° Pedro 1, 19

Luego de glorificar a Dios atendiendo y aplicando con fe Su Palabra en nuestras vidas, nos toca anteponerla frente a las tentaciones del mundo. Recordemos que este enemigo es externo y se vale de personas y sistemas para inyectarnos su veneno en nuestros corazones, así que en este paso nos concentramos en **Anteponer Su Palabra** para combatir toda la influencia externa que busca alejarnos de la fructificación.

Recordemos que **no buscamos vencer al mundo**, pues en Fe creemos que Cristo ya lo venció pues, *"Todo lo que ha nacido de Dios vence al mundo, y la victoria en que el mundo ha sido vencido es nuestra fe" (1° Juan 5, 4).* **Lo que buscamos vencer son las tentaciones del mundo.**

Ese mundo es lo que miramos a nuestro alrededor, en el cual hay una influencia constante que busca arrastrarnos a nuestra vieja manera de vivir. Los sistemas de valores que nos ofrece son contrarios al Espíritu y por mucho tiempo hemos estado acostumbrados a esos valores. Por eso es que necesitamos la luz del Espíritu Santo para identificarlos y anteponer

Su Palabra entes que éstos. Este proceso parte de la recomendación que nos hace Pablo al decir: *"No sigan la corriente del mundo en que vivimos, sino más bien transfórmense a partir de una renovación interior. Así sabrán distinguir cuál es la voluntad de Dios, lo que es bueno, lo que le agrada, lo que es perfecto" (Romanos 12, 2).*

Este tercer paso conlleva:

1. Repasar Su Palabra profunda y detenidamente.
2. Anteponerla frente a mis preocupaciones, deseos y tentaciones del mundo contestando a preguntas como éstas:
   a. ¿Qué me preocupa al leer tu Palabra?
   b. ¿Frecuento algún lugar que no me conviene?
   c. ¿Hay algo que veo o escucho que sea tentación para mí?
   d. ¿Necesito posponer alguna necesidad buena por un tiempo?
   e. ¿Necesito abandonar alguna comodidad para glorificarte en algún proyecto?
3. Proclamación del señorío de Cristo

Anteponer Su Palabra frente a nuestras preocupaciones, deseos y tentaciones del mundo

Luego de volver a repasar su Palabra profunda y detenidamente, el buscar respuesta a las preguntas sugeridas nos pueden ayudar a identificar, en el Espíritu, la influencia que recibimos del mundo. En adición a estas preguntas podemos profundizar preguntándonos: ¿Hay alguna añadidura que te reste el primer lugar en mi vida?¿Me estoy exponiendo a ambientes pecaminosos?¿Qué más necesito posponer para darte el primer lugar en mi corazón?¿Me deslumbra alguna riqueza?¿Hay algo que presuma en mis fotos y mensajes?¿Participo en conversaciones poco edificantes? ¿Permito que otros me roben la paz que no me dieron?

Después, nos toca anteponer más Su Palabra en esas zonas donde hemos descubierto donde somos más débiles. Quizás la necesitamos proclamar más en relación a lugares, actividades, personas, proyectos o cualquier cosa donde estamos expuestos al veneno del mundo. Lo cierto es que no importa cuanta maldad nos influencie, nosotros decidimos creerle al poder que Dios ha dado a Su Palabra mientras rechazamos el dejarnos llevar por querer hacer justicia por nuestras manos. Es hacer realidad aquello de: *"no te dejes vencer por el mal, más bien derrota al mal con el bien." Romanos 12, 21).* Así que en vez de enfocarnos en el mal, lo que haremos es enfocarnos en el bien que recibimos al anteponer Su Palabra dándole el lugar que se merece en nuestras vidas, **el primer lugar.**

Oración de Entrega

Luego podemos orar en nuestras propias palabras cualquier oración de entrega o de proclamación del señorío de Cristo sobre nosotros. Estemos atentos siempre a lo que nos inspire el Espíritu con este propósito. A manera de ejemplo podemos orar así:

- *Señor Jesús hoy más que nunca proclamo que el Creador te glorificó y te dio un Nombre que está sobre todo nombre. Ante Tí me humillo en señal de que te reconozco como mi Señor y dueño absoluto de toda mi vida. Hoy me rindo en total obediencia a Tí. Por favor, haz de mí lo que quieras hacer. Dirige mis pensamientos hasta extinguir toda duda de que quieres lo mejor para mí. Pues tu plan siempre es mejor que mi plan dado que Tú conoces bien lo que es mejor para mí. Haz que desee todo lo que Tú deseas y que desprecie todo lo que Tú desprecias. Te entrego todo mi ser. Quiero ser tuyo, sólo tuyo y de nadie más, pues solo Tú tienes palabras de vida eterna. Te proclamo Señor de toda mi vida; mi único Señor y Salvador. No deseo ser esclavo ni del dinero, ni del placer, ni de ningún otro vicio o apetito que me aparte de ti. Rindo toda mi vida a Tí para siempre porque eres mi razón de vivir. Haz que sea, como María, un esclavo de tu santa Palabra, ya que es la única manera de ser verdaderamente libre. Que pueda decir con certeza que ya no soy quien vive sino eres Tú quien vive en mí. Amén.*

4° Paso: <u>Actuar</u> Su Palabra (La Palabra en Acción)

Objetivo: Glorificar a Dios distinguiendo en cómo reflejar Su Palabra.
Combate espiritual: Contra la tentación a la pereza
Pregunta base: ¿Cómo testifico el texto bíblico ?
"Cuida de ti mismo y de cómo enseñas; persevera sin desanimarte, pues actuando así te salvarás a ti mismo y a los que te escuchan."
1° Timoteo 4, 16

Luego de glorificar a Dios **Atendiendo, Aplicando y Anteponiendo** con fe Su Palabra en nuestras vidas, nos toca llevarla a la **Acción.** San Francisco de Asís relacionaba este *"actuar"* con el dar y recibir de esta manera: *"Recuerda que cuando abandones esta tierra, no podrás llevar contigo nada de lo que has recibido, solamente lo que has dado: un corazón enriquecido por el servicio honesto, el amor, el sacrificio y el valor."*

Todo el proceso que hemos llevado a cabo en **"Fructifica"** tiene su desenlace en este importantísimo **Cuatro Paso.** Si la semilla que Dios ha plantado no se pone por obra es como comer aire. Por más esfuerzo que hagamos en conseguirlo, prepararlo y masticarlo, no nos hará provecho. Santiago mismo nos lo advierte al decir:

"Pongan por obra lo que dice la Palabra y no se conformen con oírla, pues se engañarían a sí mismos" Santiago 1, 22

Con el propósito de poner por obra la Palabra sembrada en nuestro corazón vamos a poner los medios para que la Palabra nos indique el plan a seguir para ponerla en **Acción.** Las siguientes preguntas nos pueden ayudar a este propósito:

Este cuarto paso conlleva:

1. Repasar Su Palabra profunda y detenidamente.
2. Distinguir en cómo reflejarla contestando estas preguntas:
    a. ¿Dónde necesito involucrarme más?
    b. ¿A quién necesito acompañar?
    c. ¿Qué necesito celebrar?
    d. ¿Qué obra de misericordia corporal necesito realizar?
    e. ¿Qué obras de misericordia espiritual necesito hacer por los demás?
3. Oración de Compromiso

Distinguir en cómo reflejar Su Palabra

Como oyentes de la Palabra, que nos continúa transformando, **debemos convertirnos en realizadores de la Palabra.** Es decir, necesitamos distinguir en cómo reflejar Su Palabra. Aquí quiero puntualizar algo muy importante referente a la semilla que Dios ha sembrado en nuestros corazones utilizando distintos recursos:

Solo cuando practicamos Su Palabra
es que propiamente fructificamos.

Esto quiere decir que si concluimos que la entendemos y no la practicamos como misioneros, no daremos el fruto esperado. Puesto que la Palabra quiere provocar en nosotros un permanente dinamismo de *«salida»* como dice nuestro pontífice: *"Hoy, en este «id» de Jesús, están presentes los escenarios y los desafíos siempre nuevos de la misión evangelizadora de la Iglesia, y todos somos llamados a esta nueva «salida» misionera. Cada cristiano y cada comunidad (Evangelii Gaudium #20).* Las preguntas nos ayudarán a discernir en el Espíritu como testificarla.

También podemos usar estas preguntas: ¿Cómo pongo por obra lo que me has mostrado? ¿En qué proyecto deseas que me involucre? ¿Dónde necesito testificarte más? ¿Cómo hago más evidente mi testimonio? ¿Cómo hago más presente tu Reino? En adición, podemos usar esta información:

1. Las obras de misericordia corporal son las siguientes:
   a. Visitar a los enfermos.
   b. Dar de comer al hambriento.
   c. Dar de beber al sediento.
   d. Dar posada al peregrino.
   e. Vestir al desnudo.
   f. Visitar a los presos.
   g. Enterrar a los difuntos.
2. Las obras de misericordia espiritual son las siguientes:
   a. Enseñar al que no sabe.
   b. Dar buen consejo al que lo necesita.
   c. Corregir al que se equivoca.
   d. Perdonar al que nos ofende.
   e. Consolar al triste.
   f. Sufrir con paciencia los defectos del prójimo.
   g. Rezar a Dios por los vivos y por los difuntos.

Oración de Compromiso

Luego de distinguir en cómo reflejar Su Palabra cerramos todo con el compromiso de poner por obra lo que se nos ha mostrado. Esta oración de compromiso es el fruto maduro de todo el camino. Es la forma de convertirnos en don para los demás por la caridad. Es una forma de proponernos a llevar a los demás el Evangelio, igual que Cristo lo hizo con los discípulos de Emaús: con Su misma actitud amorosa, gozosa, pacífica, paciente, benigna, bondadosa, longánima, mansa, fiel, modesta, moderada y casta, y teniendo las Escrituras y la Eucaristía como centro. La transformación que la Palabra ha hecho en nosotros se refleja en el nuevo rumbo a seguir, ya sea en una dirección diferente o aumentando la constancia en el camino que hemos estado recorriendo. No se trata, como muchas veces pensamos, de orar más para obrar simplemente mejor, sino de **orar más para que Su Palabra nos transforme** con el firme propósito de realizar lo que nos ha pedido. **La Palabra que hemos escuchado y acogido ahora nos compromete a incorporarla a la propia vida.**

Como sugerencia solo te diría que sigas la inspiración del Espíritu comenzando por decirle algo así como:

- Señor gracias por tu Palabra que me sigue transformando y por la cual hoy decido comprometerme a...
- Como compartir no es sólo dar lo material sino que es dar mi tiempo, mi amor, mis atenciones y mis sentimientos, hoy con el poder de tu gracia voy a...
- Con la ayuda de tu gracia voy a poner siempre el corazón en cada gesto, en cada palabra, en cada acción y sobre todo en...
- Hoy voy a ser más generoso en el dar y hacerlo con amor, afecto, ternura y alegría. En especial voy a demostrarlo...
- Desde ahora voy a dejar de centrarme en mí mismo y me voy a concentrar más en las necesidades de los demás sin dar de lo que me sobra, sino de lo que tengo. Voy a aprovechar las cualidades y dones que he recibido del Padre para...
- Hoy comprendo que al dar desde la generosidad y la gratuidad recibiré de Tí en abundancia. Por eso desde hoy voy a...
- Desde ahora voy a ser más amoroso y generoso. En especial en...
- Ahora voy a estar más atento a las necesidades de los que están cerca de mí, a reconocer lo que les falta y lo que necesitan, a abrirme a ellos y ser sensible a sus carencias, en especial en...
- Con la ayuda de tu gracia pondré por obra lo que me has mostrado en...
- Me voy a involucrar más en...
- Voy a acompañar más a...
- Voy a hacer más evidente mi testimonio en...
- Voy a celebrar...
- Voy a hacer más presente tu Reino en...
- Voy a realizar esta obra de misericordia corporal...
- Voy a realizar esta obra de misericordia espiritual...

Conclusión

Al final Su Palabra nos habita y nos lleva a testificar a Cristo con dinamismo en todo lugar, en toda ocasión, sin demoras, sin asco, sin miedo, con alegría. Su Palabra nos ha hecho descubrir Su tesoro y nos ha hecho partícipes de un encuentro con Cristo, Palabra divina y viviente. Así es como la Palabra no termina en una experiencia intelectual sino que hace lo que vino a hacer, transformarnos y salir al encuentro del otro, donándonos gratuita y gustosamente a los más pobres de los pobres. Es una forma de llevar la gloriosa Luz del Evangelio a otros, como lo menciona San Antonio de Padua:

"Un cristiano fiel, iluminado por los rayos de la gracia al igual que un cristal, deberá iluminar a los demás con sus palabras y acciones, con la luz del buen ejemplo".

Al salir de nuestra comodidad se trata de hacer lo posible por atrevernos a llegar a todas las periferias que necesitan la luz purificadora del Evangelio. Nuestro testimonio constante es la prueba de que el Evangelio ha sido anunciado, lo hemos **Atendido, Aplicado, Antepuesto y puesto en Acción.** Es solo cuestión de tiempo para que fructifiquemos a nuestro máximo potencial y obtengamos la vida plena en la Vid Verdadera que es Cristo Jesús.

Como reflexión final y de máxima importancia, tenemos que destacar la función extraordinaria de la Santísima Virgen María en la economía de la salvación como modelo perfecto de la Palabra atendida, aplicada, antepuesta y actuada. En ella están resumidas de manera sublime estas frases de Fructifica. La Virgen María cumplió su gran PARA QUÉ, fructificó en su máximo potencial y alcanzó una vida totalmente plena con repercusiones eternas.

Si existe un modelo por excelencia de quien aprender, es sin duda el de, *"la Virgen María, que al anuncio del ángel recibió al Verbo de Dios en su alma y en su cuerpo y dio la Vida al mundo, es reconocida y venerada como verdadera Madre de Dios y del Redentor. Redimida de modo eminente, en previsión de los méritos de su Hijo, y unida a Él con un vínculo estrecho e indisoluble, está enriquecida con la suma prerrogativa y dignidad de ser la Madre de Dios Hijo, y por eso hija predilecta del Padre y sagrario del Espíritu Santo; con el don de una gracia tan extraordinaria aventaja con creces a todas las otras criaturas, celestiales y terrenas"* (LG # 53a).

María Santísima es aquella que, después de Cristo, ocupa en la santa Iglesia el lugar más alto y a la vez el más próximo a nosotros. En efecto, *"María, ensalzada, por gracia de Dios, después de su Hijo, por encima de todos los ángeles y de todos los hombres, por ser Madre santísima de Dios, que tomó parte en los misterios de Cristo, es justamente honrada por la Iglesia con un culto especial. Y, ciertamente, desde los tiempos más antiguos, la Santísima Virgen es venerada con el título de «Madre de Dios», a cuyo amparo los fieles suplicantes se acogen en todos sus peligros y necesidades" (LG#66).* Ella es la Madre del Dios Hijo, ella es la María de Nazaret. Recordemos Siempre Invocar Su Santa Intercesión.

Ahora, aquí les presento de nuevo la parábola de mi autoría que resume **"Fructifica"**. Además, se me ocurrió añadir una explicación luego de la misma.

Parábola del agricultor sensato

Una vida plena se asemeja a dos agricultores
que deseaban una cosecha abundante.
El agricultor insensato actuó con ligereza,
sembró las semillas y esperó por la lluvia.
La lluvia escaseó y llegado el tiempo de la
cosecha sus plantas no dieron fruto.
Por su indiferencia, superficialidad y postergación,
las aves, el sol y los espinos la echaron a perder.
Por el contrario,
el agricultor sensato actuó con intencionalidad.
Identificó el fruto que deseaba obtener y
comprendió que para producir ese fruto
necesitaba un sistema de riego con un pozo.
Al tenerlo listo, sembró las semillas.
Luego renovó su mente al poner atención a las
semillas, meditar sobre ellas, darles prioridad
y actuar con diligencia conforme lo aprendido.
Llegado el tiempo de la cosecha dio mucho fruto.

* * *

Escuchen lo que significa esta comparación.
Lo sembrado es la Palabra de Dios. El agricultor
insensato es aquel que ante la escucha de la Palabra
actúa con indiferencia, superficialidad y postergación.
Su forma de proceder hace que no de fruto porque
pierde la batalla frente a los ataques el maligno,
la carne y el mundo; representados
por las aves, el sol y los espinos.
El agricultor sensato representa al que escucha
la Palabra y la entiende poniéndola en práctica,
cultivando los frutos del Espíritu. El sistema de riego
es la fe en la Palabra de Dios con la que coopera para
hacer fluir el agua del pozo que es la gracia del Espíritu.
Su transformación interior se da al
Atender, Aplicar, Anteponer y Actuar la Palabra
por la que llega a dar abundante fruto.

A	A
A	A

ACERCA DEL AUTOR

Francisco Irizarry es un bendecido escritor, conferencista, director de retiros, arquitecto y maestro que nació en San Juan, Puerto Rico en 1973.

Obtuvo su maestría en el año 1991 por la Universidad de Puerto Rico. Durante los últimos veintinueve años ha trabajado como guía en la transformación de incontables hombres y mujeres en los Estados Unidos y el Caribe como resultado de experimentar una transformación interna desde su juventud.

Durante este tiempo ha inspirando a miles de personas a cambiar sus vidas de cara al Evangelio. Como resultado de esto escribió su primer libro, Solo perdona, durante un período de siete años.

Actualmente, Francisco Irizarry participa activamente en el Movimiento de la Renovación Católica Carismática y reside en la ciudad de Spring, Texas junto a su hermosa esposa, Janell. A ambos Dios les encargó unos hijos fabulosos llamados Fabiola, Gabriela y Alejandro.

Para más información visita:
www.soloperdona.com